INICIAÇÃO À VIDA CRISTÃ

EUCARISTIA

Coleção Água e Espírito

Iniciação à vida cristã

- *Batismo; Confirmação / Eucaristia de adultos*
  Livro do Catequista e Livro do Catequizando
  Leomar A. Brustolin e Antonio Francisco Lelo

- *Catecumenato crismal*
  Livro do Catequista, Livro do Crismando e Livro da Família
  Nucap

- *Perseverança*
  Livro do Catequista, Livro do Catequizando e Livro da Família
  Nucap

- *Eucaristia*
  Livro do Catequista, Livro do Catequizando e Livro da Família
  Nucap

- *7-8 anos*
  Livro do Catequista e Livro do Catequizando e da Família
  Nucap

- *Iniciação à vida cristã dos pequeninos*
  Livro do Catequista e Portfólio do Catequizando e da Família
  Erenice Jesus de Souza

- *Batismo de crianças*
  Livro do Catequista e Livro dos Pais e Padrinhos
  Nucap

Núcleo de Catequese Paulinas – Nucap

INICIAÇÃO À VIDA CRISTÃ

EUCARISTIA

Livro do Catequista

Edição ampliada com querigma e leitura orante

Paulinas

Dados Internacionais de Catalogação na Publicação (CIP)
(Câmara Brasileira do Livro, SP, Brasil)

Iniciação à vida cristã : eucaristia : livro do catequista / Núcleo de Catequese Paulinas - NUCAP. – 8. ed. – São Paulo : Paulinas, 2013. – (Coleção água e espírito)

Bibliografia
ISBN 978-85-356-3393-1

1. Catequese - Igreja Católica 2. Catequistas 3. Eucaristia 4. Primeira Comunhão - Estudo e ensino I. Núcleo de Catequese Paulinas - NUCAP. II. Série.

12-14480   CDD-234.163

Índice para catálogo sistemático:
1. Eucaristia : Iniciação : Catequese : Cristianismo   234.163

8ª edição – 2013
10ª reimpressão – 2025

Direção-geral: *Bernadete Boff*
Editores responsáveis: *Vera Ivanise Bombonatto e Antonio Francisco Lelo*
Redatores: *Antonio Francisco Lelo (coordenador)*
Abadias Aparecida Pereira
Erenice Jesus de Souza
Luiz Alexandre Solano Rossi
Sandra Alves Silva
Copidesque: *Mônica Elaine G. S. da Costa*
Coordenação de revisão: *Marina Mendonça*
Revisão: *Ana Cecília Mari*
Gerente de produção: *Felício Calegaro Neto*
Capa e editoração eletrônica: *Manuel Rebelato Miramontes*
Ilustração de capa: *Gustavo Montebello*

Nenhuma parte desta obra poderá ser reproduzida ou transmitida por qualquer forma e/ou quaisquer meios (eletrônico ou mecânico, incluindo fotocópia e gravação) ou arquivada em qualquer sistema ou banco de dados sem permissão escrita da Editora. Direitos reservados.

Cadastre-se e receba nossas informações
paulinas.com.br
Telemarketing e SAC: 0800-7010081

Paulinas
Rua Dona Inácia Uchoa, 62
04110-020 – São Paulo – SP (Brasil)
📞 (11) 2125-3500
✉ editora@paulinas.com.br
© Pia Sociedade Filhas de São Paulo – São Paulo, 2008

Sumário

EUCARISTIA: INICIAÇÃO À VIDA CRISTÃ 7

INTRODUÇÃO 9

PLANEJAR A CAMINHADA 11

Iniciação à vida eucarística 13
Formação do catequista 19
Planejamento 25
Metodologia 31

UNIDADE I – ENCONTRAR-SE COM JESUS CRISTO 45

Encontro 1. Qual é nossa identidade? 46
Encontro 2. Somos comunidade 51
Encontro 3. Vem e vê 56
Encontro 4. O Reino de Deus chegou 61
Encontro 5. O paralítico é curado 67
Encontro 6. Leitura orante – Zaqueu: o encontro com Jesus 73
Celebração de abertura da catequese 77

UNIDADE II – DEUS PREPAROU O SEU POVO 85

Encontro 7. Deus fez este mundo tão grande e tão bonito 87
Encontro 8. Homem e mulher, imagem
e semelhança de Deus 93
Encontro 9. Afastar-se de Deus 98
Encontro 10. Deus continuou com seu povo 102
Encontro 11. Moisés, chamado por Deus 107
Encontro 12. Deus libertou seu povo 111
Encontro 13. Aliança: mandamentos 116
Encontro 14. Deus preparou o povo para receber
o Salvador 123
Encontro 15. Leitura orante – Vocação de Isaías 127
Encontro 16. Liturgia da Palavra: "Éfeta" 131

UNIDADE III – O REINO DE DEUS ESTÁ PRÓXIMO 137

Encontro 17. A Virgem esperou com amor de mãe 139
Encontro 18. João anunciou estar próximo o Reino 144
Encontro 19. Nasceu o Salvador 148
Encontro 20. Jesus está pleno do Espírito
(Batismo de Jesus) 153
Encontro 21. Leitura orante – Quem é Jesus 159
Encontro 22. A multiplicação dos pães 164
Encontro 23. Perdão dos pecados 170
Encontro 24. Jesus chama os apóstolos 175
Encontro 25. Leitura orante – Vocação de Mateus 179
Encontro 26. Ensino através de parábolas 183
Encontro 27. O semeador 188
Encontro 28. O bom samaritano 193
Encontro 29. Jesus ensina a rezar o Pai-nosso 199
Entrega do Creio e do Pai-nosso 204

UNIDADE IV – A PÁSCOA DE CRISTO 207

Encontro 30. Bem-aventuranças 209
Encontro 31. Jesus celebra a Páscoa 215
Encontro 32. Jesus morre na cruz 220
Encontro 33. Jesus ressuscita 224
Encontro 34. Leitura orante – A Eucaristia 230
Encontro 35. O Espírito continua a missão de Cristo 234

UNIDADE V – SINAIS DO REINO 239

Encontro 36. A Igreja, Corpo de Cristo 241
Encontro 37. Eucaristia, Corpo de Cristo 246
Encontro 38. Participamos da Páscoa 251
Encontro 39. A presença de Cristo 256
Encontro 40. A mesa da Palavra 263
Encontro 41. A mesa da Eucaristia 269
Encontro 42. O domingo 273

UNIDADE VI – PREPARAÇÃO PRÓXIMA 277

Encontro 43. O sacramento da Penitência 279
Celebração do perdão – Deus nos procura 284
Batismo dos catecúmenos e renovação
das promessas batismais 290
O catequista e o Estatuto da Criança e do Adolescente 300

BIBLIOGRAFIA 307

Eucaristia: iniciação à vida cristã

Este projeto tem o objetivo de envolver catequistas, catequizandos e familiares em um processo de iniciação cristã, por meio de um conteúdo que leva à progressiva compreensão da fé e, principalmente, à vivência dessa fé em sua vida pessoal e comunitária. Compõe-se dos seguintes subsídios:

- *Livro do Catequista*: traz a metodologia para o planejamento pedagógico da catequese. Cada encontro possui um desenvolvimento próprio, em uma estrutura fixa: a indicação bíblica do tema; o texto para reflexão e aprofundamento; uma proposta de vivência como continuidade do encontro ao longo da semana; uma oração final.

- *Livro do Catequizando*: com linguagem acessível e ricamente ilustrado, este volume leva a criança a contemplar os mistérios da vida de Cristo ao longo dos encontros, preparando-a para o sacramento da Eucaristia e, mais importante, para a descoberta e vivência da fé em sua vida.

- *Livro da Família*: este volume propõe encontros que possibilitam aos pais e responsáveis acompanhar mais de perto as atividades propostas no Livro dos Catequizandos, envolvendo toda a família.

Introdução

> É próprio da catequese eucarística
> atualizar os valores humanos
> de tal modo que o catequizando
> abra gradativamente o espírito,
> segundo sua idade e condições psicossociais,
> para perceber os valores cristãos
> e celebrar o mistério do Cristo.[1]

Parabéns, catequista, pela missão que abraçou de ser educador e testemunha do amor. Esse amor que vem do Pai é vivido até as últimas consequências por Jesus e, agora, na força do Espírito, nos constitui pregoeiros da vida nova gerada em cada um de nós.

Paulinas Editora oferece um itinerário pedagógico de iniciação ao sacramento da Eucaristia que contempla a metodologia para o planejamento pedagógico da catequese em âmbito paroquial; explicita orientações e encontros com as famílias, bem como a didática para os encontros com as crianças e os pré-adolescentes, além de incluir informações sobre o Estatuto da Criança e do Adolescente – ECA.

A metodologia apresentada nesta obra segue o estilo cate-cumenal, que visa alcançar maior integração entre o anúncio, a celebração e a vivência do mistério da fé. Por isso, enfoca a Eucaristia como cumprimento do Batismo, que incorpora o fiel na Igreja, tornando-o herdeiro do Espírito para configurar sua vida na Páscoa de Cristo.

---

[1] Cf. CONCÍLIO VATICANO II. Declaração sobre a educação cristã *Gravissimum educationis*, n. 2.

O grupo de trabalho, coordenado pelo pe. Antonio Francisco Lelo (liturgista e pedagogo), constitui-se de três experientes coordenadoras de catequese: Abadias Aparecida Pereira (pedagoga), Erenice Jesus de Souza (pedagoga) e Sandra Alves Silva (advogada e teóloga), e contou com a colaboração do professor Luiz Alexandre Solano Rossi. O projeto desenvolveu-se a partir dos desafios vividos na coordenação e, também, dos enfrentados com os catequizandos.

Esta obra não pretende cercear a liberdade do trabalho catequético, mas sim auxiliar o catequista a pensar sobre sua prática, entender por que é importante o planejamento e a criação de momentos essenciais para a catequese, considerando, principalmente, a dura realidade de nosso país.

Planejar a caminhada

Iniciação à vida eucarística

Ser iniciado na vida eucarística da comunidade é muito mais que fazer a primeira Eucaristia, ou seja, participar pela primeira vez da comunhão na missa. Significa receber o sacramento da Eucaristia em um estilo de vida em que o Evangelho norteia a maneira de pensar, de se relacionar com os outros e de formar a família. Falamos de vida eucarística, na qual o cristão é discípulo no seguimento de Cristo. Assim, o pão e o vinho tornam-se sacramentos da entrega de Cristo, na qual ele associa nossa vida à sua oferenda na cruz. Portanto, mais que fazer a primeira comunhão, trata-se de celebrar a Eucaristia no culto e na vida.

Hoje, coloca-se o desafio de superar o impasse da catequese de iniciação por etapas, que levou à separação dos três sacramentos: Batismo, Confirmação e Eucaristia, visto que, no início da Igreja, eles eram celebrados conjuntamente e nessa ordem. A mútua referência que existe entre os três sacramentos leva-os a serem considerados unidade e mostra que essas etapas, em conjunto, produzem a identidade do cristão: um ser incorporado em Cristo e participante de sua missão no mundo. As mesmas etapas supõem um caminho progressivo de educação da fé. Afinal, a vida do cristão é uma no seguimento e na configuração em Cristo.[1]

O processo de iniciação cristã tem a finalidade de produzir a configuração do catequizando em Cristo: "Eu vivo, mas não eu: é Cristo que vive em mim" (Gl 2,20). Coloca-se como um caminho a ser percorrido quando tal identidade vai sendo alcançada paulatinamente. Se na paróquia cada sacramento for considerado

---

[1] Cf. III Semana Latino-Americana de Catequese. Discípulos e missionários de Jesus Cristo. *Revista de Catequese*, ano 29, n. 114, p. 49, abr./jun. 2006.

isoladamente, a consecução desse objetivo permanecerá cada vez mais distante, o que comprometerá o sentido do ser cristão.

Este livro torna-se um elo entre a pastoral do Batismo e o catecumenato crismal, porque muitos de seus temas deverão ser retomados e aprofundados.

ESTILO CATECUMENAL

O Diretório Nacional de Catequese, nn. 45-50, fala que se deve aplicar esse estilo catecumenal em toda forma de catequese, especialmente na iniciação cristã de adultos e na catequese da infância e juventude.

"Assumir essa iniciação cristã exige [mais do que] uma renovação de modalidade catequética da paróquia" (*Documento de Aparecida*, n. 294), pois essa pedagogia da fé acentua alguns elementos que poderão dar novo impulso à pastoral desses sacramentos, dentre os quais destacamos:

- a centralização de todo o processo no mistério pascal, raiz comum de todos os sacramentos e mistério principal que define a identidade cristã;

- a compreensão da mútua relação pascal e unidade de sentido dos três sacramentos num processo adequado de maturação da fé. Por isso, não se deve fragmentar o Batismo, Confirmação e Eucaristia como se fossem coisas separadas. Devem ser planejados em conjunto os processos catequéticos do Batismo de crianças, iniciação à Eucaristia e Crisma de jovens. Nada impede de os catequistas de cada um desses sacramentos se capacitarem e trabalharem em conjunto;

- a iniciação se dá com o catecumenato e a celebração dos três sacramentos, por isso a comunidade se preocupa com os batizados que não completaram a iniciação, o chamado catecumenato pós--batismal, para serem evangelizados e receberem a Crisma e/ou a Eucaristia;

- o amadurecimento progressivo da fé, que requer continuidade no caminho de uma etapa preparatória para outra seguinte, ou de um sacramento para o outro, que resulte na crescente conversão de vida;

- a intensidade e a integridade da formação, basicamente com a apresentação da história da salvação, do Creio e do Pai-nosso;

- o anúncio urgente da centralidade e experiência da fé em Jesus Cristo, o chamado querigma, deverá percorrer ao longo de toda a catequese de forma convicta e testemunhal;

- proporcionar maior experiência com os símbolos da fé na celebração, em interação com o anúncio e a vivência da fé; a catequese e a liturgia se unem, porque uma precisa da outra para se explicitarem. A catequese ensina e conduz para o que a liturgia celebra;

- a Palavra lida em comunidade como princípio fundante de toda catequese;

- a leitura contínua dos sinais de Deus na história;

- a iniciação cristã diz respeito a toda comunidade, e em primeiro lugar aos adultos. Fica patente a missão dos adultos – pais, padrinhos, catequistas, pároco e comunidade cristã – como sujeitos ativos no Batismo e na educação da fé. A iniciação cristã na tradição da Igreja é tarefa de toda a comunidade: é o seio da Igreja que gera a fé;

- na catequese da infância e da juventude, os pais ou responsáveis devem ser envolvidos como primeiros interessados;

O estilo catecumenal ou a inspiração que nasce do modelo tradicional da Igreja da iniciação dos adultos, na verdade, é um projeto de pastoral, um modelo metodológico que põe em questão a visão sacramental da comunidade.

SACRAMENTO DA INICIAÇÃO

A ação salvífica de cada sacramento se complementa e proporciona em conjunto a identidade cristã. Batismo, Confirmação e Eucaristia são chamados sacramentos pascais, pois configuram os que vão receber os sacramentos na Páscoa de Cristo. O tempo próprio para a iniciação cristã, especialmente a dos adultos, é a Vigília Pascal, quando mais plenamente se celebra a Páscoa de

Cristo. E também o Tempo Pascal, por ser considerado uma extensão do domingo de Páscoa.

O Batismo, porta da vida espiritual, propicia a primeira participação na morte e ressurreição de Cristo e marca o começo do caminho: momento inicial de identificação com Cristo no seu Mistério Pascal, no qual o batizado é transformado radicalmente.

O sacramento produz, naquele que o recebe, a configuração em Cristo; nós nos tornamos uma coisa só com ele por uma morte semelhante à sua (Rm 6,5). Formamos seu corpo, a Igreja, da qual ele é a cabeça. Pelo Batismo, assumimos a mesma missão de Cristo, porque nos tornamos seus discípulos e nele somos incorporados.

"A catequese sobre a Eucaristia, [...] quando se trata da preparação de crianças à primeira Eucaristia, [deve ser] de tal forma que esta realmente apareça como perfeita inserção no Corpo de Cristo."[2]

"Todos os membros devem assemelhar-se a ele, até que Cristo neles se forme (Gl 4,19). Por isso, revivemos os mistérios de sua vida, assemelhando-nos a ele, morrendo com ele e ressuscitando, até chegarmos a reinar com ele (Fl 3,21; 2Tm 2,11; Ef 2,6; Cl 2,12 etc.). Sendo ainda peregrinos na terra, seguimos as suas pegadas na tribulação e na perseguição, associamo-nos a seus sofrimentos como o corpo à cabeça, participando da paixão para participar também de sua glorificação (Rm 8,17)."[3]

Assim, desde o Batismo, o cristão aprende que viver em Cristo é amar sem limites, doar-se aos outros, mesmo que isso resulte em sofrimento, incompreensão e até perseguição, como aconteceu com Cristo. Nessa ótica, amar, pensar, viver e sofrer como Jesus torna-se a fonte de como viver a missão, na qual se assume conscientemente os desafios a serem enfrentados. Na celebração da Eucaristia, as pessoas que receberam o Batismo associam-se

---

[2]   SAGRADA CONGREGAÇÃO DOS RITOS. *Instrução sobre o Culto do Mistério Eucarístico*. São Paulo: Paulinas, 2003, n. 14.

[3]   CONCÍLIO VATICANO II. Constituição dogmática *Lumen Gentium* sobre a Igreja, n. 7.

ao sacrifício do Senhor, aprendem a doar seus trabalhos e todas as coisas criadas com Cristo ao Pai, no Espírito.

A Eucaristia é a consumação da iniciação, pois o batizado, incorporado à comunidade eclesial, reproduz o único sacrifício, que é o seu. Por isso, o batizado participa da liturgia eucarística e oferece a sua vida ao Pai associada ao sacrifício de Cristo. É o Cristo inteiro, cabeça e membros, que se oferece pela salvação da humanidade. Assim, aclamamos na Oração Eucarística III — *Fazei de nós uma oferenda perfeita.*

A configuração em Cristo, tida como transformação interior e para sempre, ocorrida na iniciação, deve aos poucos consolidar-se e aprofundar-se pela participação na vida sacramental da Igreja. Supõe-se que o batizado vive a Páscoa de Cristo cada vez mais real e plenamente. Por isso, na Eucaristia dominical, oferece-se o sacrifício de louvor de toda a sua vida entregue ao Reino. Assim, passamos a compreender a frase paulina: "Completo, na minha carne, o que falta às tribulações de Cristo em favor do seu corpo que é a Igreja" (Cl 1,24).

A Confirmação expressa a força especial do Espírito para cumprir a missão profética no mundo, edificar em unidade a Igreja, Corpo de Cristo, e defender a verdade do Evangelho nas diversas situações da vida. Como aperfeiçoamento e prolongamento do Batismo, a Confirmação faz com que os batizados avancem pelo caminho da iniciação cristã e pelo dom do Espírito que capacita o indivíduo a viver as exigências do caminho pascal, rememorado no sacrifício da Eucaristia, consolidando a participação plena na Eucaristia.

O Batismo e a Confirmação realizam em uma celebração a configuração no Mistério da Páscoa, marcando a pessoa com um selo, de forma definitiva. A Eucaristia culmina na configuração a Cristo. Será a participação sempre mais perfeita e total da comunidade no Mistério Pascal.

O sacramento da Penitência é de cura e não faz parte da iniciação. No caminho por etapas, está situado como o sacramento que nos faz recobrar a graça do Batismo, uma vez perdida pelos nossos pecados. Também a Penitência proporciona a participação na Páscoa de Cristo. Pelos méritos do sacrifício redentor de Cristo, somos perdoados de nossos pecados e, pela ação do Espírito Santo, voltamos a viver na amizade filial com o Pai.

Abre-se a tarefa de construir um novo modelo de iniciação por etapas, mas com a preocupação de cumprir o processo integralmente. Urge uma mudança de mentalidade. Por isso, vamos considerar aquelas crianças não batizadas que pedem a catequese, seguindo as orientações do capítulo V do *Ritual de Iniciação Cristã de Adultos* – RICA. A iniciação desses candidatos não se diferencia da formação geral do grupo da catequese. O itinerário catequético está baseado no próprio grupo, porém deverá ser adaptado, algumas vezes, ao crescimento da fé dos catecúmenos.[4] Uns já são cristãos, outros não, mas a necessidade de iniciação à fé é comum a todos.

---

[4] Cf. *Ritual de Iniciação Cristã de Adultos*, n. 307.

Formação do catequista

Para consolidar os fundamentos da iniciação cristã em nossas comunidades, contamos com o compromisso dos reconhecidos *catequistas*, pessoas de fé e mediadores do processo catequético, a serviço da Boa-Nova. De modo geral, os(as) catequistas exercem seu ministério com boa vontade e dispõem de uma religiosidade herdada na família. Porém, transmitir a fé requer ainda: experiência pautada na Pedagogia de Jesus, conhecimento da realidade onde os catequizandos estão inseridos e, sobretudo, conhecimento de si mesmo. É preciso que os catequistas passem pela experiência do querigma, do discipulado, e bebam na fonte da liturgia.

O catequista irá percorrer o caminho com o Mestre, se alimentará de sua Palavra e estará inserido na comunidade cristã, pois é em seu nome que fala.

O Mestre Jesus que formou pessoalmente seus discípulos oferece o método: "Venham e vejam" (Jo 1,39); "Eu sou o Caminho, a Verdade e a Vida" (Jo 14,6). É desta experiência que brota o ser cristão, pois somos capazes de celebrar e viver a riqueza dos sacramentos na vida e captar pela fé os seus sinais.

A Igreja quer contar com catequistas capacitados para evangelizar, a fim de que conduzam, de fato, o catequizando ao encontro do Jesus ressuscitado. Principalmente por seu testemunho, porque vivem do mistério e são capazes de conduzir ao mistério. Estes são os catequistas mistagogos.

Concorrem para a formação dos catequistas a maturidade cristã do testemunho de sua vida pessoal, os seus estudos, o seu ponto de vista das situações que a sociedade apresenta e a maneira pela qual a Igreja se faz realmente presente nos problemas da comunidade.

É fundamental que eles tenham uma formação coerente com essa nova perspectiva. *Formação* que tem caráter *permanente* e envolve diversos aspectos para a construção do compromisso com a identidade de educador da fé. A formação é permanente, pois o catequista se faz a cada dia. Dirige-se à comunidade para celebrar, participar e continuar os estudos de preparação dos encontros. A partir de sua vivência, vai-se formando como educador, por isso questiona, responsabiliza-se pela fé, conversa com seus vizinhos e familiares e supera o mito de que "religião não se discute".

Caso o catequista não tenha concluído o ensino fundamental ou médio, é importante voltar a estudar, porque nunca é tarde para aprender. Faz-se necessário fundamentar-se para anunciar a fé. A troca de experiências sobre a prática de catequese leva ao reconhecimento de como cada um se entende, *sendo* catequista, uma vez que não se trata de um cargo de distinção ou de uma penosa obrigação. É, sim, realização humana e espiritual posta em prática, formadora de *identidade*.

Neste contexto, é necessário que as Comissões da Iniciação à Vida Cristã, em comunhão com o Bispo, o primeiro responsável pela catequese, ofereçam um plano de formação que possibilite aos catequistas crescerem em seu ministério.

PARA PENSAR

- Qual atitude lhe vem à mente quando o assunto é testemunho de vida?
- O que você tem feito para atingir a maturidade cristã?
- Como andam seus estudos?
- Você percebe e analisa o que acontece em sua comunidade?
- O que tem feito para superar os problemas em sua Igreja?

A formação do catequista contempla três dimensões muito importantes: ser, conhecer e fazer, que expressam o dinamismo do catequista como discípulo e missionário de Jesus Cristo. Sobre essa base, a caminhada catequética toma forma.

O tripé da formação do catequista aprofunda o estudo da fé, não apenas por gosto, mas também por necessidade de compreendê-la e buscar razões para crer. Essa formação pauta-se nos valores cristãos, pois a catequese volta sua atenção ao essencial: o amor, a caridade, a liberdade, com a finalidade de provocar a mudança de vida e a transformação da realidade.

SER

Pessoa que ama a vida e se sente realizada; pessoa com maturidade humana e equilíbrio psicológico; pessoa com espiritualidade, que quer crescer em santidade; pessoa que enxerga a presença de Deus nas atividades humanas; pessoa integrada no seu tempo e identificada com sua gente; pessoa que busca, constantemente, cultivar sua formação; enfim, pessoa de comunicação, capaz de construir comunidade, este é o catequista.[1]

O *ser* volta-se para a construção da identidade dos catequistas sob a plataforma de um planejamento bem estruturado, que reflete quanto cada um está comprometido com a vivência do Reino em comunidade de fé. O catequista, portanto, é o primeiro a desenvolver em sua vida o testemunho, a partir do qual irá traçar, com os catequizandos, a ação missionária do Evangelho: *Ide por todo o mundo e anunciai!*

Constantemente, há necessidade de aprofundar o conhecimento de aspectos importantes na sua formação, como resultante do desdobramento de sua experiência de fé batismal, vivida intensamente na comunidade-Igreja. Experiência chamada a crescer até o ponto de configurar o catequista em Cristo Jesus, pois se trata da configuração pascal a ser alcançada ao longo de toda a vida.

Na formação do catequista, é decisiva a centralidade da Palavra revelada: ela deve conformar sua vida, sendo sustento e vigor de sua espiritualidade. Em seu ministério, a Escritura será o texto fundamental: é indispensável ter uma formação bíblica

---

[1] Cf. CNBB. *Diretório Nacional de Catequese*. São Paulo: Paulinas, 2006, nn. 262-268. Documentos da CNBB, n. 84.

básica, conhecer os critérios eclesiais de interpretação bíblica e, sobretudo, saber lê-la em atitude orante, vivenciá-la na liturgia e assumi-la como alma da catequese. Como Maria, o catequista é discípulo fiel que escuta e acolhe a Palavra e, como ela e os profetas, sabe iluminar a própria vida e ler os sinais dos tempos, descobrindo a voz de Deus no dia a dia.

A liturgia é cume e fonte da vida cristã e, por isso, lugar privilegiado de catequese permanente. Por si mesma, é escola de catequese na qual o catequista se encontra com o Senhor que chama, educa e envia. Nela se fortalece a identidade e se descobre um dos pilares do ser e da missão de catequista. Daí a necessidade de uma profunda experiência sacramental da iniciação cristã. A experiência da catequese deverá crescer na participação litúrgica, em especial nas celebrações dominicais.

SABER

A identidade será fortalecida se o saber evangélico – trinitário e eucarístico – se transformar em valores a serem professados *na vida*. Em constante formação e transformação, os conhecimentos adquiridos são transmitidos para outros, demonstrando a importância de uma catequese fundamentada, que busca sempre o conhecimento para fazer melhor.

A permanente formação acontece porque a sede pelo conhecimento da fé movimenta o catequista a ser um investigador, um curioso como e com seus catequizandos. A formação também ocorre porque, constantemente, comparamos o que é realizado nos encontros de catequese e o que se vive na comunidade, refletindo sobre isso, o que se configura unidade teórico-prática. Para melhor entendimento, a *teoria* envolve um processo de pensamentos e de conhecimentos para a compreensão do *que* fazemos, *para que* fazemos e *para quem* fazemos. A *prática*, consequentemente, é o resultado das reflexões e da superação dos desafios, além da busca de outros.

SABER FAZER

A prática catequética é o tema que desenvolveremos a seguir, o qual comporta mais amplamente o planejamento do itinerário e a dinâmica concreta dos encontros com os catequizandos, pautando-se pelo caráter de diálogo, reflexão e oração; mais do que doutrinária, ela deverá ser orientada para o discipulado, cuja característica principal consiste em adquirir um modo de ser e de viver consoante ao de Jesus.

Planejamento

Para um efetivo projeto de catequese e um trabalho organizado, é necessário que o catequista reconheça a importância da sua permanente formação e entenda que a comunidade precisa ser chamada a refletir sobre sua realidade e atender ao projeto do Pai e ao plano de salvação do Filho, Jesus Cristo.

Todo trabalho a ser realizado necessita ser planejado. Não nos basta boa vontade ou ter tudo na cabeça de forma a elaborar a programação de "acordo com o andar da carruagem". Com a catequese, não poderia ser de outra forma. É fundamental realizar um trabalho que fortaleça a "boa vontade", buscando consolidar, cada vez mais, o que é feito. A constância na formação torna possível a organização e a coerência dos pensamentos e das práticas, além do respeito, afetividade, humildade e identidade do que já é realizado. A isso denominamos processo.

Para planejar, é preciso que tenhamos consciência de que a educação da fé e pela fé é um processo. Não se restringe a um tempo ou à compreensão de conteúdos. Tal processo considera, sim, *a existência de etapas na vida do ser humano e na própria forma de manifestar a fé.*

É missão catequética motivar o catequizando a *expressar sua fé* e professar que *Jesus é o Cristo*, definindo, para tanto, metas a serem conquistadas diante das diversidades de identidades que nossos catequizandos apresentam. No que compete à catequese, o grupo – catequistas, coordenação, pároco e comunidade – planeja ações, valorizando o que o catequizando já sabe e o que é necessário aprender para professar a fé cristã.

Conscientes de tamanha responsabilidade, o planejamento contém *três eixos*, mencionados a seguir, com informações valiosas para os encaminhamentos das ações pastorais, presentes em todos os âmbitos, principalmente na catequese:

1. Situar a importância do diagnóstico. Não podemos distanciar nossa prática catequética da realidade na qual vivem nossos catequizandos, com prejuízo de afastar o próprio Deus de suas vidas e suas vidas de Deus. Por isso, torna-se necessário mapear a realidade, conhecer quem são eles, suas motivações de fé, para assim descobrir o que cada um necessita para avançar na vida cristã.

O trabalho deve ser iniciado somente após a obtenção de informações sobre o grupo. O diagnóstico de suas expectativas e o conhecimento de como chegaram ao grupo, o que já sabem e o que necessitam aprender, enfim, os traços de seu perfil vão justificar o caminho a ser percorrido. Também conhecer sua família e a forma como eles foram educados.

Questões como: *quem é a comunidade? Qual sua relação com a religião? Quais suas maiores conquistas? Quais são seus problemas? Qual a função social e pastoral da Igreja nesta comunidade? Como Deus é compreendido?* são fundamentais para o processo de ensino. Com base nos dados da realidade da comunidade, será traçada a missão pastoral da Igreja. Essa fase do planejamento é muito importante e deve ser realizada por todos os que estão envolvidos na vida paroquial, especialmente pelos responsáveis pela catequese.

2. Pressupor a definição de metas. É fundamental traçar os objetivos para a definição do que pretendemos. Daí a possibilidade de realizar um trabalho próximo da realidade do catequizando. O cuidado com as informações obtidas fará com que a comunidade tenha credibilidade na prática da ação pastoral da Igreja. Todos os envolvidos devem conhecer a direção do trabalho que desenvolvem (Onde quer chegar? O que se pretende alcançar?).

3. Considerar a importância do que já se realiza e do que precisa ser feito. Trata-se de pensar como alcançar o que se pretende e com quais recursos e técnicas. Isso é uma questão de metodologia: querer e saber fazer. É fundamental definir ações de curto, médio e longo prazo. A organização de encontros periódicos

para formação, avaliação e novos encaminhamentos são momentos muito importantes para a concretização do projeto paroquial, principalmente no que se refere à catequese.

Uma vez compreendida a realidade dos catequizandos, da comunidade e da Igreja e definidos os objetivos que justifiquem o trabalho de catequese, o grupo de catequistas organizará ações que possam suscitar a fé na prática da vida cristã.

A melhor forma de iniciar o itinerário catequético será planejar a distribuição dos temas e conteúdos de acordo com o calendário paroquial. O ato de planejar reflete uma busca constante por elementos que possam facilitar o trabalho dos e das catequistas.

O planejamento se organiza em unidades; cada uma delas possui um objetivo específico e um grupo de encontros. Para cada unidade, estão previstos encontros com os pais e familiares; também há sempre uma celebração litúrgica de uma unidade a outra. Este livro vem acompanhado de um quadro geral com o *roteiro geral das catequeses* para o grupo fazer este planejamento.

SUJEITO DA AÇÃO CATEQUÉTICA

No itinerário de iniciação cristã de crianças, é importante destacar, com base em conceitos psicológicos e pedagógicos, elementos presentes na estrutura pessoal e social do universo infantil. Elas encontram-se numa fase em que as características emocionais e o processo cognitivo (conhecimento) se colocam em prontidão para aprender. Compreendem o mundo à sua volta numa visão muito particular e necessitam ser ouvidas para que lancem suas dúvidas e sejam orientadas. Devemos, como catequistas, tomar o cuidado de responder ao que elas realmente perguntam. Seu aprendizado se faz pelo pensar e não mais por uma imitação do universo adulto.

Devido às condições sociais, nota-se um amadurecimento antecipado nas crianças, pois são cada vez mais incentivadas pelos avanços da tecnologia e pelo bombardeio da comunicação massiva. O próprio vestuário, que antes mostrava um aspecto mais infantil, agora se aproxima do mundo juvenil ou até é tomado como cópia do adulto. São crianças[1] curiosas e, muitas vezes, desafiadoras, que competem a todo instante, pois são estimuladas para isso. Basta vê-las jogando *videogame* ou empinando pipas. Muitas delas são escravas da agenda, pois os pais, acreditando na eficácia de seu papel, oferecem todos os tipos de cursos para mantê-las ocupadas. Por outro lado, algumas se apresentam tomadas por apatia ou agitação ante os estímulos do mundo, o que lhes impossibilita centrar a atenção e a exposição de ideias.

Dessa forma, a catequese deverá ter atenção especial com a linguagem utilizada, particularmente para atender à realidade comunicativa dos catequizandos. Devemos falar *com* eles de modo que sejam acolhidos, sem impor-lhes formas de ser e de viver inadequadas ao seu amadurecimento. Como bem orienta o *Diretório Nacional de Catequese*, a conversa simples, acessível, e a utilização de narrativas, comparações, parábolas e gestos são meios a serem adaptados de acordo com o grupo e as expectativas de aprendizagem.[2]

Convém conhecer as particularidades do desenvolvimento infantil: a forma como compreendem os valores e dão significado ao mundo à sua volta. Na fase entre 8 e 10 anos, com a qual nos comprometemos e trabalhamos, a criança tem um olhar de fé sobre a realidade que deve ser valorizado. É muito importante ter uma base espiritual nessa faixa etária, pois a criança, para sua formação emocional, necessita de segurança e de uma mensagem verdadeira, que não seja imposta, mas sim vivenciada. É necessário planejar, conscientes sobre quem são nossos catequizandos, *destinatários e interlocutores do processo catequético*.[3]

A criança está em formação, assim como todos nós, pois ninguém está pronto, acabado. Algumas vezes, torna-se mais dependente porque nós, muitas vezes, a queremos assim. Em nossa adulta ansiedade, corremos para ensinar-lhe tudo, sem acolher o

---

[1] O Estatuto da Criança e do Adolescente (Lei n. 8.069/1990) considera criança toda pessoa até 12 anos incompletos.

[2] Cf. n. 141, g.

[3] Cf. ibid., n. 180.

que ela realmente deseja e precisa aprender. Nunca devemos nos esquecer de considerar a fidelidade, o dinamismo e a curiosidade da criança.

Na maioria das dioceses, a catequese de iniciação à Eucaristia ocorre entre os 8 e 10 anos. Essa proposta de trabalho supõe pré-adolescentes em processo de alfabetização e alfabetizados, capazes de realizar uma leitura do mundo e do sagrado. A criança tem a capacidade de sensibilizar-se, de ser curiosa, de questionar. Assim, aprende e consegue compreender a experiência da vida cristã a partir do que vive.

Nos casos de crianças entre 11 e 13 anos, é fundamental a formação de grupos com essa faixa etária, pois o trabalho de iniciação à vida eucarística deve considerar as particularidades do desenvolvimento infantil, garantindo a construção da identidade das crianças, dos pré-adolescentes e adolescentes. As características de cada fase devem ser preservadas, favorecendo uma autêntica expressão da fé. Para tanto, é muito importante que as atividades lúdicas sejam mediadoras de tal processo, devendo ser propostas em modalidades adequadas para cada etapa.

Vivemos numa sociedade muito diversificada quanto aos padrões socioculturais. É latente a necessidade de promover a fé para ajudar as pessoas, especialmente os pré-adolescentes, a conviverem entre si, assumindo suas diferenças com espírito crítico e fraterno, assim como nos pede o Evangelho. Jesus anunciava o Reino a todos indistintamente.

Em grandes ou médias cidades, é comum encontrar na mesma paróquia realidades contrastantes, em que necessidade e fartura se chocam nos padrões entre abaixo da linha da pobreza e acima da média, respectivamente. A tarefa da catequese assume, consideravelmente, um olhar sobre a realidade, superando as desigualdades, uma vez que sua função é unir a comunidade ao redor da mesma mesa para comer do único banquete para o qual todos foram convidados.

Este livro não distingue classes sociais. Apresenta a fé encarnada na variedade delas, por isso mesmo critica a injustiça e a violência institucionalizadas.

Duração

A previsão do itinerário da iniciação à vida eucarística é de um a dois anos. Alguns temas podem ser abordados em mais de um encontro, considerando a programação de atividades próprias da comunidade. Torna-se necessário elaborar o planejamento do andamento geral pelo grupo de catequistas, levando em conta as datas e os eventos que farão parte do itinerário catequético.

Recomenda-se o início do itinerário catequético a partir do mês de agosto, para acompanhar mais de perto o Ano Litúrgico, especialmente o Advento e a Quaresma, possibilitando a celebração sacramental em seu lugar próprio: o Tempo Pascal. Isso leva ao não reforço do caráter de curso, visto que não ocorrerá a justaposição do fim do ano civil com a conclusão dos encontros da catequese.

Apesar de constituir uma novidade na prática pastoral, é interessante que o grupo de catequese continue a se reunir por mais uns quatro ou cinco encontros para aprofundar a compreensão e vivência da Eucaristia dominical. Algumas catequeses específicas sobre a Eucaristia podem ser abordadas nesse período. É conveniente que a celebração sacramental ocorra no segundo ou terceiro domingo de Páscoa.

Vivência em comunidade

Todo o trabalho realizado na catequese deve priorizar a vida em comunidade. É nela que se realiza a compreensão dos fundamentos da fé e dos valores que somente podem existir na presença do outro, como o amor, a esperança e a caridade. Que seja apresentado às crianças o trabalho que a comunidade realiza – visitas, festividades, celebrações, reuniões, trabalhos pastorais – para aguçar-lhes a curiosidade de conhecer e a vontade de participar.

Uma catequese fechada à comunidade, restrita a uma sala ocupada durante determinado tempo, não é catequese, nem serviço, nem rende frutos, além de terminar antes mesmo de começar. Por mais que sejam belos encontros, a beleza se perde atrás das portas fechadas, na falta de humildade do catequista por sentir-se autossuficiente.

Metodologia

O catequista coordena o processo de educação da fé dos catequizandos; é o facilitador desse processo cujo objetivo é promover o crescimento deles na compreensão do mundo e na participação da família, da Igreja e da sociedade. Daí a importância da organização de ações em torno da realidade dos catequizandos e do planejamento de encontros para a construção de uma nova proposta catequética que corresponda aos anseios deles.

DIDÁTICA DOS ENCONTROS

O catequista subsidiará a preparação de cada encontro. Sempre curioso, criativo e ponderado, refletirá sobre o que deve ou não ser feito. Na prática catequética, prezamos a liberdade e a identidade do que se realiza e, para que isso seja alcançado, devemos estar seguros do conhecimento difundido em nossa catequese e na comunidade. Uma rotina, nessa perspectiva, não nos cerceia a ponto de realizarmos os encontros sempre do mesmo jeito, mas sim nos oferece uma direção, um caminho a percorrer.

Faz-se necessário que o catequista guie-se pelo livro: verificar o que estudar e consultar fontes de pesquisa (filmes, livros, *sites*) para fundamentar seu trabalho e apropriar-se do tema dentro da realidade do processo de evangelização. Daí a importância do registro escrito e da leitura. O estudo faz com que ele reflita sobre o que conseguiu fazer e o que representou um desafio.

Os elementos essenciais para a preparação dos encontros devem estar interligados – orações, dinâmicas, comentários, leituras, celebrações – para atender o tema proposto e, principalmente, responder ao momento em que o grupo se encontra, sempre considerando o que o grupo já sabe e precisa aprender.

Catequista, nos encontros, busque dinamizar momentos em que os catequizandos possam expressar testemunhos e experiências de vida. Isso auxilia a compreensão do grupo sobre o tema de estudo.

É importante a participação de crianças que já saibam ler com fluência, o que vai auxiliar a compreensão de todos, além da colaboração de cada criança numa função que lhe seja produtiva.

ROTEIRO DOS ENCONTROS

Os encontros se realizam com base em práticas simples que possibilitam uma vivência celebrativa sensível ao potencial religioso dos catequizandos, de modo que lhes possibilitam assumir a experiência de fé de forma livre, consciente e participativa.

O roteiro para os encontros oferece objetivos claros, linguagem adaptada e atenta à realidade dos catequizandos. A preparação do encontro requer o hábito de leitura prévia e valorização das várias partes que compõem o encontro.

O roteiro deve ser um meio para a organização dos encontros e não um fim em si mesmo. Nos encontros de catequese procuramos desenvolver uma prática acolhedora, que confia nos catequizandos como continuadores da missão evangélica. Com uso de jogos, brincadeiras, retiros espirituais... façamos chegar à essência de suas identidades o primeiro anúncio, pois somente com ele concretizaremos o crescimento na fé.

O anúncio alegre e dinâmico das realidades da nossa fé constituirá o eixo de todo o processo catequético. O "jeito de fazer catequese" se fundamenta na missão do catequista de proporcionar um encontro que transforme a vida do catequizando à luz da Palavra de Deus e dos ensinamentos da Igreja. A pedagogia catequética encontra na prática de Jesus Cristo o jeito carinhoso de fazer ressoar a Boa-Nova nos corações.

Os catequistas tenham a convicção de que o livro que a criança terá em mãos será apenas um subsídio: a Bíblia é o verdadeiro texto da catequese, pois "A catequese há de haurir sempre o seu conteúdo na fonte viva da Palavra de Deus".[1]

Preparando o ambiente

Este item apresenta algumas sugestões para a arrumação da sala e de materiais a serem utilizados no encontro. A preparação do ambiente, por si mesma, revela a importância que o catequista confere ao encontro catequético e aos seus participantes, como também favorece muito o processo de aprendizagem.

Oração

Nos encontros de catequese, vivenciam-se momentos de silêncio, de contemplação, nos quais o catequizando escuta seu interior. Para tanto, há de buscar o silêncio externo, concentrando-se. A oração é um ato inicialmente interno, de reflexão, de atenção ao próprio estar no mundo. Por meio dela, ouvimos o que Deus tem a dizer, vemos nas coisas mais simples o que ele tem a revelar.

As orações traduzem dois atos complementares: o pedido e o agradecimento. Nessa perspectiva, afirma o *Catecismo da Igreja Católica* (n. 2688): "A memorização das orações fundamentais oferece um apoio indispensável à vida de oração, mas importa grandemente fazer com que saboreie o sentido das mesmas".

O cultivo desse saborear revela a finalidade do trabalho com as orações. Neste livro, as orações, com caráter introdutório do conteúdo a ser apresentado, exploram o tema condutor do encontro e favorecem a integração do anúncio com a oração e a vivência da fé.

Tema

Como usar a Bíblia nos encontros? Conhecemos seu conteúdo e sua finalidade? Trata-se da história da vida do povo de

---

[1] JOÃO PAULO II. Exortação Apostólica *Catechesi Tradendae*. São Paulo: Paulinas, 1979, n. 27.

Deus. É alimento da vida cristã e mestra da verdade; seu acesso precisa ser amplamente difundido. Devemos saber utilizá-la nos encontros como fonte de iluminação, traduzindo-a segundo a visão do catequizando.[2]

Todo encontro se desenvolverá ao redor da proclamação ou leitura orante de um texto motivador da Escritura. Observe bem o sentido de cada frase. Peça um momento de silêncio interior para refletir sobre o que foi lido. A partir da proclamação do texto se compartilha a compreensão do que o autor bíblico quis transmitir. Questione os catequizandos sobre o projeto de vida de Jesus.

E quanto a nós? Diante de nossa realidade, qual é nossa missão? Nós a assumimos de fato? Atualize a Palavra e faça com que os catequizandos a relacionem com a própria vida. Como se aplica esta passagem hoje em dia e quais compromissos de vivência cristã despertam esta mensagem divina. Reze, com eles e bem devagar, alguns versículos proclamados. Escolha uma frase como resumo para memorização.

À criança pode ser apresentada a estrutura do Livro Sagrado: livros, capítulos e versículos, mas isso não basta para que ela seja conhecedora da Palavra. Não importa se ela não souber encontrar uma passagem bíblica, mas sim que, quando questionada, saiba refletir o sentido da mensagem e colocá-la em prática. Encontra-se, aí, o sentido formador da catequese: motivá-la a pensar e viver a Palavra, integrando algo novo ao que ela já conhece.

Máximo cuidado deve ser dispensado à valorização e ao desenvolvimento das atitudes de escuta e de acolhida da Palavra proclamada na celebração litúrgica, uma vez que a Palavra não volta ao Pai sem ter cumprido a sua missão (Is 55,10-11). "Cristo está sempre presente na sua Palavra."[3]

---

[2] Recomendamos a leitura de: BROSHUIS, Inês. *A Bíblia na catequese.* São Paulo: Paulinas, 2002; CNBB. *Orientações para a celebração da Palavra de Deus.* São Paulo: Paulinas, 1994; Documentos da CNBB, n. 52; e BUYST, Ione. *A Palavra de Deus na liturgia.* São Paulo: Paulinas, 2002. (Col. Rede Celebra).

[3] *Sacrosanctum concilium,* n. 7.

Entre 8 e 10 anos, a criança caracteriza o mundo à sua volta. É curiosa e conserva na memória valores e atitudes. Um efetivo trabalho catequético acolhe a essência dessa idade e abre a Bíblia às curiosidades da infância. A cada passagem trabalhada, o catequista deve questionar o grupo, orientando-o a pensar em exemplos de como agir ou não em uma determinada situação, nos dias de hoje.

É importante que, em toda passagem bíblica, as palavras de difícil entendimento sejam substituídas. Convém adquirir um dicionário, com imagens ilustrativas, para acompanhar a leitura da Bíblia. Pode-se apresentar uma poesia ou a letra de uma canção, desde que seu conteúdo não retire o valor e a atenção devidos à Bíblia. São meios que auxiliam a compreensão e afirmam o quão real é o chamado de Deus no mundo de hoje.

Antes de proclamar a Palavra no grupo, o catequista deverá realizar um estudo prévio de seu vocabulário, trocando os termos para que fiquem mais simples e ajudem as crianças a entender a mensagem do texto com facilidade. Fique atento às traduções bíblicas.

Para pensar

Neste item, o texto de aprofundamento desenvolve ordenadamente os objetivos do encontro. O conteúdo catequético será organizado a partir do *diagnóstico* daquilo que o grupo sabe e necessita aprender, considerando o que a família já infundiu na criança. O intuito é construir com ela a identidade da fé e desenvolver sua sensibilidade para que perceba o transcendente, em um movimento interno – algo não imposto pela família nem pela religião.

O tema ilumina as ideias fundamentais para que o catequizando organize os passos principais da história da salvação que culminam em Jesus Cristo. A pedagogia adotada suscita o envolvimento do grupo, apresenta perguntas abertas, em forma de questionamentos, que partem sempre da reflexão iniciada pela leitura bíblica. Nosso método aposta na força do diálogo. Por meio dele, catequista e catequizando constroem conjuntamente a compreensão da verdade de fé, superando a mera imposição. Valorizamos a troca de experiências, pois, ouvimos, respeitamos e debatemos os questionamentos. Queremos superar o modelo que escolariza nossas catequeses.

Para vivenciar

A catequese e a celebração litúrgica estão endereçadas para a vivência da fé, isto é, para o testemunho cristão ou para o culto espiritual, que acontecem com a doação e a renúncia ao mundo. "Toda formação litúrgico-eucarística, feitas as devidas ressalvas, deve ser sempre orientada para que a vida das crianças corresponda cada vez mais ao Evangelho."[4]

Os encontros apresentam atitudes a serem desenvolvidas ao longo do percurso catequético. É fundamental que os pais ou familiares dediquem algum tempo da semana para dialogar com a criança, sempre a partir do texto bíblico, e chegar à prática da vivência cristã. Espera-se uma conversão progressiva, autêntica e convicta.

Para celebrar

Na catequese, a liturgia tem lugar especial. Nela a criança percebe as manifestações dos ritos e constrói a sua identidade de fé; além de ser anunciada a natureza celebrativa do mistério da Santíssima Trindade em toda a criação.

Durante o percurso catequético, pouco a pouco, vai-se descobrindo a linguagem dos ritos, símbolos, gestos e posturas utilizados numa celebração, os quais possuem um significado próprio, fundamentado na Bíblia, por isso devem ser interiorizados e realizados com calma. "[As crianças] experimentem, segundo a idade e o progresso pessoal, os valores humanos inseridos na celebração eucarística, tais como: ação comunitária, acolhimento, capacidade de ouvir, bem como a de pedir e dar perdão, ação de

---

[4] CONGREGAÇÃO PARA O CULTO DIVINO. *Diretório para Missas com Crianças*. São Paulo: Paulinas, 1977, n. 15. Documentos da CNBB, n. 11.

graça, percepção das ações simbólicas, da convivência fraterna e da celebração festiva."[5]

Ao longo dos encontros, serão apresentados pequenos exercícios com experiências, símbolos e celebrações para propiciar uma educação litúrgica que capacite o catequizando a interiorizar os principais gestos da liturgia. O sentido profundo deles coloca o fiel em contato direto com o mistério de fé celebrado.[6] Referindo-se à preparação da vida eucarística das crianças, o *Diretório para Missas com Crianças* recomenda: "Celebrações de várias espécies também podem desempenhar um papel na formação litúrgica das crianças e na sua preparação para a vida litúrgica da Igreja. Por força da própria celebração, as crianças percebem, mais facilmente, certos elementos litúrgicos, como a saudação, o silêncio, o louvor comunitário, sobretudo se for cantado. Cuide-se, todavia, que estas celebrações não se revistam de uma índole demasiadamente didática".[7]

A catequese conduz o batizado à participação plena, ativa e frutuosa na liturgia. Ajudar o catequizando a fazer a experiência dos símbolos e gestos celebrados faz parte de uma educação que leva a criança a experimentar os sinais tão simples e tão humanos da liturgia, não apenas como elementos deste mundo, mas também a ler com os olhos da fé para perceber as realidades divinas que eles comunicam. Além de preparar o pré-adolescente para tomar contato direto com a graça de Deus nas celebrações, relacionar-se filialmente com o Pai e unir-se à oferta de Jesus, oferecendo sua própria vida. Por isso é de suma importância estimular os catequizandos a participarem, com suas famílias, da missa dominical.

Avaliação

---

[5] Ibid., n. 9.

[6] Com esta finalidade pode-se ler, com proveito, NUCAP; PASTRO, Claudio. *Iniciação à liturgia*. São Paulo: Paulinas, 2012; TURRA, Luiz. *Vamos participar da missa?* São Paulo: Paulinas, 2012.

[7] CONGREGAÇÃO PARA O CULTO DIVINO. *Diretório para Missas com Crianças*, n. 13.

A prática do encontro não se restringe a um meio para expor verdades e impor atitudes. Por meio do contato com o catequizando, avaliamos o conteúdo, observamos as motivações para a transformação de cada um e reelaboramos nossas propostas.

Avaliação: não mais entendida apenas como um conjunto de doutrinas a serem transmitidas, memorizadas e reproduzidas, a catequese faz-se, fielmente, caminho de salvação. A avaliação ocorre durante todo o processo de trabalho, desde a sua elaboração. Consiste no aprimoramento constante do que se pensa e se realiza, com a finalidade de motivar mudanças significativas na vida dos envolvidos. Sua dinâmica expressa momentos nos quais o catequista faz uma estimativa do seu trabalho junto aos catequizandos, assim como do rendimento deles. Também as crianças ou pré-adolescentes avaliam o catequista e se autoavaliam.

É importante que o dinamismo avaliativo considere a caminhada realizada, superando a concepção de respostas prontas e acabadas. Mais do que decorar mandamentos e orações, a catequese deve dinamizar a mudança de vida a partir dos valores cristãos do Evangelho, à medida que vão sendo conquistados, o que demonstra quanto o trabalho está se desenvolvendo, isto é, alcançando seus objetivos.

O catequista acolhe as dificuldades dos catequizandos, sejam elas de compreensão, disciplina, escrita ou leitura, sem fazer delas caminho de exclusão. As atividades devem ser realizadas a partir do que o grupo já sabe, apresentando o conteúdo de fé de maneira prazerosa para que as opiniões sejam desenvolvidas.

Leitura orante

Durante o período da catequese, o catequista e os pais irão despertar no catequizando uma paixão pela Palavra de Deus, suscitando nele o gosto pela leitura e meditação; incentivando-o ao belo hábito da leitura cotidiana de breves trechos. Isto deve ser feito desde cedo, assim como aconteceu com Timóteo, que desde a infância, ainda no colo da mãe, foi introduzido no conhecimento das Sagradas Escrituras (cf. 2Tm 3,14-17). O entusiasmo e o testemunho do catequista e dos pais são o melhor incentivo para suscitar este hábito.

Podemos ler a Bíblia de diversos modos. Há, entretanto, uma maneira bem antiga, chamada Leitura Orante, que foi criada pelos primeiros cristãos para alimentar a fé e animar a caminhada da comunidade diante das dificuldades. Este método resulta numa experiência pessoal e comunitária de escuta e de obediência à Palavra de Deus. Proporciona o encontro pessoal com Jesus Cristo e visa transformar todos aqueles que, a exemplo dos discípulos de Emaús, querem deixar a Palavra de Deus aquecer o próprio coração e a própria vida (cf. Lc 24,13-35).

O livro apresenta o roteiro de cinco leituras orantes para serem experienciadas com as crianças.

Como fazer[8]

A Palavra de Deus é sempre nova, e Cristo está sempre presente nela, realizando o mistério da salvação, santificando os homens, e estes, com Cristo, elevando um culto ao Pai. "O Mestre está aí e te chama" (Jo 11,28).

Invocação do Espírito Santo

(Silêncio, canto ou uma oração.) "... Ele abriu a inteligência dos discípulos para entenderem as Escrituras" (Lc 24,45). Convide todos para rezarem a oração do Espírito Santo.

Primeiro passo: leitura

O catequista faz a leitura da passagem bíblica em voz alta e auxilia os catequizandos para que todos acompanhem o que o texto diz. Logo após esta leitura, cada catequizando realiza individualmente a mesma leitura.

Após esta segunda leitura, favoreça um momento de silêncio procurando despertar em cada catequizando a lembrança do que

---

[8] Seguiremos as indicações de Antonio Elcio de Souza, adaptando-as para a catequese.

leu, o sentido de cada frase, das palavras, os personagens envolvidos, o local onde os fatos aconteceram.

Peça que apresentem alguma palavra ou frase que mais tenha chamado à atenção. Compete ao catequista conduzir o grupo à reflexão para que se compreenda o texto.

O importante nesse passo é entender o que o texto diz em si mesmo.

É imprescindível que o catequizando esteja com sua própria Bíblia. Atenção às várias versões, solucionando possíveis dúvidas. Se houver catequizando com dificuldade para ler, organize duplas para que possam realizar a leitura.

Pode-se servir de um subsídio para ajudar a compreender o texto. Para tanto, apresentamos a você, catequista, um breve comentário para estudo.

Segundo passo: meditação

Ler de novo o texto.

Tentar alargar a visão, unindo esse texto a outros textos bíblicos.

É chegado o momento de saborear a Palavra lentamente. A catequese possibilita o encontro dos catequizandos com a mensagem proclamada, associando o texto com a vida em toda a sua plenitude, atualizando o que ele tem a dizer.

Converse com o grupo de modo a meditar a profundidade do compromisso a ser assumido, apresentando-lhe questionamentos. Fazer três ou quatro perguntas para orientar a reflexão. Qual é a mensagem do texto para mim hoje?

"Quando escutas ou lês, tu comes; quando meditas, tu ruminas, a fim de seres um animal puro e não impuro" (Santo Agostinho).

Terceiro passo: oração

A Palavra se faz oração.

O que o texto me faz dizer a Deus?

- Formulemos preces para suplicar, louvar e agradecer a Deus por tudo que ele tem proporcionado a cada um de nós.

- Recitemos um salmo que expresse o sentimento que está em nós (em mim).

- Meu coração, tocado assim pela Palavra de Deus, sente-se espontaneamente impulsionado à oração: louva, agradece, adora, pede perdão.

"A tua oração é a tua palavra dirigida a Deus. Quando lês, é Deus que te fala; quando rezas, és tu que falas a Deus" (Santo Agostinho).

Quarto passo: contemplação

- Quero ouvir o que o Senhor irá me falar! Para isso, vou estar só na companhia dele. Preciso desenvolver a atitude de ouvi-lo. Que devo fazer para conseguir isto?

Comece fazendo silêncio só por alguns minutos, às vezes ajoelhado na igreja, ou então sozinho no quarto, em atitude de oração... seja corajoso, depois vá aumentando cada vez mais o tempo de silêncio.

- Qual o novo olhar que sobrou em mim, depois da leitura orante do texto?

- Como tudo isto me pode ajudar a viver melhor o meu compromisso de vida?

- A Leitura, meditação e oração pertencem à busca; a contemplação é o resultado: "Buscai e encontrareis".

- Que desafios descobri para me aperfeiçoar como discípulo de Jesus? Torna-se necessário assumir um compromisso que expresse o verdadeiro sentimento da mudança de vida.

"Procure na leitura, e encontrará na meditação; bata em oração e lhe será aberto em Contemplação" (São João da Cruz).

Quinto passo: encerramento

Terminar com uma breve oração (salmo ou um canto), agradecendo ao Senhor o que experimentou na leitura orante.

"Se a Escritura é em parte fácil e em parte difícil, é porque foi escrita para todos: os fortes e os fracos, os sábios e os simples. Em seus mistérios e por sua obscuridade, ela exercita os sábios, por seu sentido óbvio, e, graças à sua simplicidade, ela reconforta os simples.

Se buscas na Palavra de Deus algo elevado, esta Palavra Santa se eleva contigo e sobe contigo às alturas. Se buscas o sentido histórico, o típico, o moral, a Palavra Divina te dá o que desejas. Da maneira como perscrutas as Escrituras, tal se mostrará a ti o Texto Sagrado" (São Gregório Magno).

LIVRO DA FAMÍLIA

Vale a pena ter presente a abrangência do planejamento catequético, que deverá considerar de primeira importância a formação e participação dos pais ou familiares no acompanhamento do processo catequético e na interação deles com as crianças, como autênticos protagonistas da educação da fé.

O estilo catecumenal prioriza a evangelização dos responsáveis pelos catequizandos, que, como primeiros interessados, devem ser envolvidos em todo o processo.

A educação da fé é uma tarefa que compete a toda família. O papel dos pais não consiste na simples delegação, aos catequistas, de sua responsabilidade de educar na fé. Em primeiro lugar, cabe aos pais evangelizar, em decorrência de seu compromisso assumido no Matrimônio e no Batismo de seus filhos.

Todo tipo de união que constitua um modelo organizativo de família não isenta seus responsáveis de educar as crianças com uma formação cristã autêntica, que as ajude a caminhar rumo à transcendência, abrindo-lhes o caminho da felicidade e da vivência contínua do Reino.

É preciso ir ao encontro das pessoas em seu ambiente habitual e não apenas esperar que venham até os recintos da igreja. O pluralismo religioso já é um fato dentro de uma mesma casa. A parceria do grupo de catequistas com as famílias visa superar a contradição de se propor aos filhos aquilo que não se vive. Hoje se insiste muito na educação da fé de toda a família. Pais e comunidade de fé é que educam. Eis a importância do testemunho do acompanhamento, da presença deles nas celebrações e do diálogo de fé dentro de casa.

Também é necessário que a paróquia ofereça a catequese sacramental aos pais que não completaram a iniciação, isto é, foram batizados e não evangelizados, e, por isso, falta-lhes a Crisma ou a iniciação à Eucaristia.[9]

Felizmente, já contamos com belos exemplos de catequese familiar em muitas paróquias em que atuam catequistas juntamente com a pastoral familiar. Acreditar e investir na catequese familiar são grandes passos da chamada conversão pastoral. Mais que lamentar-se pelas dificuldades de envolver as famílias, é melhor conhecer as comunidades que assumiram este desafio e caminham a passos largos.

Os encontros dos catequizandos também deverão ser partilhados e aprofundados em casa. Trata-se não apenas de uma lição a mais, ou de um conteúdo apreendido, mas muito mais de um processo a ser interiorizado e testemunhado por toda a família. Isso implica convicções, valores e fé que levem o catequizando e sua família a uma forma própria de encarar a vida, estabelecer relações e dar significado à existência.

É importante que o catequista trace um perfil do núcleo familiar do catequizando. Para tanto, o primeiro contato poderá ser realizado por ocasião da inscrição para a catequese ou em um encontro antes do início da catequese.

Encontros com os pais ou responsáveis

É importante que, em cada encontro, se reserve aos pais uma acolhida calorosa e familiar. Eles devem sentir que a comunidade paroquial acolhe com carinho especial seus filhos e quer proporcionar-lhes uma sólida educação na fé. É isso que

---

[9] Para esta finalidade, recomendamos a leitura de: BRUSTOLIN, Leomar A.; LELO, Antonio F. *Iniciação à vida cristã*; Batismo, Confirmação e Eucaristia de adultos. São Paulo: Paulinas, 2011.

leva a Paróquia a se preocupar também com a evangelização e a formação dos pais. Os catequistas recepcionem os pais e que, no primeiro encontro, *o pároco* apresente os catequistas que, em nome da comunidade paroquial, serão os educadores na fé das crianças. Isso propicia um simpático e indispensável clima de colaboração entre pais, pároco e catequistas.

No primeiro encontro, recordamos a necessária presença de todos os catequistas. O local deve estar arrumado dentro das possibilidades da comunidade, com bom gosto e carinho. É importante que as pessoas percebam que o ambiente foi preparado para recebê-las.

Numa mesa, tenha-se disponível todo material que será utilizado no encontro, como fichas de inscrição, canetas, lápis e borrachas. E uma mesa ornamentada com flor e vela, com destaque especial à Bíblia.

A socialização é muito importante, portanto, prepare-se uma mesa com água, café, biscoitos. Quem coordena as reuniões com os pais ou responsáveis deverá levar em conta o encontro correspondente no Livro da Família. Convém que os catequistas usem crachás para melhor identificação.

Pontualidade para início e término é sinal positivo e demonstra boa organização. Uma hora de duração é tempo suficiente, pois encontros prolongados tornam-se cansativos e prejudicam a concentração.

Dica importante: os catequistas não devem ficar agrupados. Os pais procuraram a Igreja, portanto, receba-os com atenção. A socialização com os convidados, mesmo no decorrer do encontro, é ponto positivo. Deve-se estar sempre atento!

Unidade I
Encontrar-se com Jesus Cristo

Objetivo específico da unidade: apresentar a pessoa de Jesus Cristo para promover o encontro pessoal da criança com o Senhor e o compromisso de adesão a ele.

Os dois primeiros encontros têm a finalidade de fazer que os componentes do grupo se conheçam e se situem na comunidade de fé. Os quatro seguintes propõem a pessoa de Jesus Cristo, que se apresenta e convida a criança a conhecê-lo mais de perto. Ele se apresenta como aquele que chama para a intimidade do seu seguimento, que anuncia o Reino de Deus entre nós e cura os doentes, porque um tempo novo acaba de chegar com a sua pessoa.

Para esta unidade correspondem os *três primeiros encontros com os pais*, os quais se encontram no Livro da Família e estão na mesma linha querigmática de abertura para a vida de fé, anúncio da pessoa de Jesus Cristo, conhecimento de Cristo na Bíblia.

A celebração de abertura sela o compromisso de todos os envolvidos no processo catequético, comunidade de fé e família, a iniciarem o caminho de transformação rumo à Páscoa do Senhor. Consideremos que, nesta celebração, ocorre também a primeira etapa do Batismo das crianças em idade de catequese: *adesão das crianças, compromisso dos pais, assinalação da cruz e entrega da Bíblia.*

1º encontro

Qual é nossa identidade?

Este é um momento muito esperado. Somos agraciados pelo Pai com a felicidade de poder compartilhar conhecimentos com as crianças, construindo e amadurecendo valores sobre a vida e obtendo informações sobre a pessoa de Jesus Cristo. É importante ficarmos atentos ao olhar, à curiosidade, ao humor de nossas crianças para que consigamos, a cada dia, fazer florescer em seus corações a responsabilidade para com o Reino de Deus.

Catequista, apresentamos-lhe propostas de encontros abertas às suas ideias e às de seu grupo. Com entusiasmo, seja curioso. Saiba que o encontro é possível porque você e suas crianças testemunham uma comunidade e são pessoas valiosas para Cristo.

Para cada encontro, que tal organizar um ambiente com muita alegria, cor e diversidade? Busque um espaço em sua paróquia ou comunidade que acomode bem o grupo. Há diversas realidades: alguns catequistas encontram um local adequado para seu trabalho; outros se deparam com dificuldades, improvisando um espaço para iniciar os encontros.

Em ambos os casos, o importante é manter o bom ânimo para que tudo ocorra da melhor forma, principalmente a acolhida dos catequizandos, a fim de que sintam vontade de retornar. Assim, também você, catequista, ficará motivado a pôr em prática seus conhecimentos e a aperfeiçoar os conteúdos, para superar as dificuldades e aumentar a esperança de cada conquista.

O ambiente, a acolhida, as orações, o estudo da Palavra, as reflexões, as vivências e as celebrações para o aprofundamento deste tema têm a finalidade de formar a identidade do grupo de fé.

Antes da preparação deste encontro, reflita sobre o que você entende por identidade. Procure o termo em um dicionário, pergunte às pessoas o seu significado, construa o seu entendimento. O mesmo poderá fazer com os vocábulos fé, comunidade e criança, compreendendo como cada um deles se faz presente na sua forma de entender a catequese.

Importante: a catequese é um espaço de construção da identidade.

PREPARANDO O AMBIENTE

Para um ambiente acolhedor, uma boa opção é selecionar objetos que simbolizem a vivência cristã na qual as crianças vão amadurecer seus conhecimentos e valores. No espaço, pode haver brinquedos (bolas, bonecas, pião, corda), roupas, aparelhos eletrônicos (TV, *videogame*, computador), alimentos e bebidas (bolachas, sanduíches, refrigerantes, sucos), materiais escolares, livros, revistas, jornais; enfim, objetos que fazem parte do universo infantil.

Vale ressaltar que essas sugestões são dicas, portanto, podem ser substituídas, pois cada realidade apresenta algo que melhor a identifique. O importante é conferir ao ambiente algumas características próprias das crianças, uma vez que será o espaço que a catequese ocupará em suas vidas a partir desse momento. Música ambiente ou instrumental é uma escolha que favorece a concentração do grupo. Lembre-se de que um sorriso e um olhar seguro anunciam confiança, responsabilidade e estímulo para a participação das atividades.

Prepare uma caixa embrulhada para presente a cada participante. Em seu interior, coloque um dos seguintes objetos: Bíblia, vela, espelho, sementes, flor, garrafinha com água, chave, borracha, bala, cruz. Pode ocorrer repetição dos objetos, ou seja, duas ou mais caixas com o mesmo objeto. Outros podem ser incluídos, desde que o catequista tenha clareza da sua reflexão para o encontro.

Acolha os participantes entregando uma caixa para cada um. Diga-lhes que não podem abri-la, deixando-os curiosos, e que tomem cuidado para não balançá-la nem deixá-la cair. Convide-os a sentar em círculo, deixando as caixas no centro.

Oração

O início do encontro tem por finalidade acolher as expectativas de seus participantes, o que pode ser feito em forma de *oração*. Por meio dela, falamos com Deus, louvamos a ele por nossa vida, além de agradecermos por estar unidos e poder aprender mais sobre o Reino.

Nesse momento, em círculo, peça que olhem uns para os outros. Pergunte se já se conhecem e o motivo de estarem na catequese. Convide-os a se apresentarem dizendo o nome, o que mais gostam de fazer e o que esperam realizar no grupo. Em seguida, conte-lhes a seguinte história: "Havia um menino que era muito especial, pois iria iluminar a vida de muitas pessoas. Com seu nascimento, o mundo tornou-se diferente, bem diferente do que estava sendo, e as pessoas começaram a acreditar na alegria. Esse menino veio ao mundo para trazer a verdade, a felicidade, a esperança, a fé, a caridade, enfim, o amor. Muitas pessoas gostaram do menino; outras, porém, o queriam bem longe. Mas, nem por isso, ele deixava de ser lembrado com carinho".

Peça que cada criança manifeste um sentimento por esse menino, pois, ainda sem conhecê-lo, ele está em cada um de nós.

Após as manifestações, eles devem se dar as mãos, ficando de pé ou sentados. Você, catequista, proclama com ênfase e pausadamente a oração do Pai-nosso, orientando o grupo a repeti-la.

Tema

Este encontro nos leva a refletir sobre a importância da identidade do ser humano com sua profissão de fé. Convide as pessoas do grupo a caminhar pela sala e observar atentamente os objetos nela dispostos. Converse com elas sobre a utilidade desses objetos e os momentos em que eles se fazem presentes em nossa vida. Em círculo, novamente, peça que peguem as caixas--presente recebidas na chegada.

PARA PENSAR

Faça perguntas sobre o conteúdo da caixa. Aguce-lhes a curiosidade sobre o que está em seu interior. Oriente-os a abri-la e apresentar o objeto de acordo com a seguinte dinâmica:

Para abrir portas	Chave
Para consertar os erros	Borracha
Para adoçar a vida	Bala
Para brotar a vida	Sementes
Para tornar mais belo o caminho	Flores
Para refrescar	Água
Para iluminar	Luz/Vela
Para mostrar como somos	Espelho
Para nos salvar	Cruz
Para nos mostrar o caminho	A Palavra de Deus/Bíblia

PARA VIVENCIAR

Diante de todos os elementos apresentados, reflita com o grupo sobre a necessidade de se identificar com sua fé. Assim como os objetos têm a sua identidade, nós também temos a nossa. Que cada um possa vir e voltar ao grupo melhor a cada dia.

Cada um poderá levar a caixa e pôr nela algo que lhe seja de grande estima. No próximo encontro, deverá trazê-la para expor o objeto ao grupo.

PARA CELEBRAR

Entregue para cada participante um pedaço de papel com a frase que ilumina este encontro. Leiam juntos, assumindo o compromisso de retorno em nome do Pai, do Filho e do Espírito Santo. Amém!

"Deixai as crianças, e não as impeçais de virem a mim; porque às pessoas assim é que pertence o Reino dos Céus" (Mt 19,14).

Importante: Explique-lhes o gesto da Santíssima Trindade, orientando-os a colocar a mão na cabeça e professar a palavra Pai, a mão no coração e afirmar Filho e o toque nos ombros, proclamando Espírito Santo, formando, assim, uma cruz: símbolo da nossa Salvação.

2º encontro

Somos comunidade

PREPARANDO O AMBIENTE

Que tal preparar um mural com o tema: "Somos comunidade"? Sugerimos o uso de fotos com as atividades realizadas pela comunidade, como festas, celebrações, novenas, visitas a idosos, crianças, doentes, presidiários, para ilustrar o contexto do testemunho, da vivência cristã na comunidade.

Para a acolhida, prepare um painel com os nomes dos catequizandos, expondo-o, se possível, em outros encontros. Assim, podem ser observados novos integrantes ou aqueles que não participam mais; enfim, vai constar quem está presente no grupo.

Dispor a sala de forma que os catequizandos olhem uns para os outros. Convém colocar cadeiras ou bancos em círculo ou pedir que eles se sentem no chão sobre um tapete. No centro do círculo, coloca-se um cartaz com os seguintes vocábulos: Palavra e Luz, elementos que simbolizam o plano da salvação de Deus para com seus filhos.

ORAÇÃO

Para este momento, os catequistas devem ter consciência de que a oração é um processo pessoal e comunitário de manifestação da fé. Formando o círculo, em silêncio e de mãos dadas, peça que as crianças reflitam sobre o que será proclamado.

Catequista: Olhem uns para os outros. Cada um de nós se faz presente aqui com seu jeito, com suas alegrias e tristezas, com seus problemas e soluções. Viemos para este encontro com a certeza de que aprenderemos muito e de que somos filhos e filhas de Deus.

De joelhos, sem soltar as mãos:

Catequista: Agradeçamos a semana que tivemos e a graça de Deus em nossa vida, felizes por estarmos vivos e convivendo em comunidade. De pé, sem soltar as mãos e com os braços erguidos, vamos louvar a vida e dizer bem alto: "Estamos aqui, Senhor, para te dizer que sozinhos não podemos mais viver".

(Neste momento, canta-se com as crianças: "Vem, Espírito".)

TEMA

A criança é acolhida como parte integrante da comunidade onde mora, na qual participa. Traduza o significado de "comunidade" na vida do cristão, refletindo sobre as condições da comunidade. Apresente o Livro da Palavra. Este será o trabalho de evangelização ao qual o grupo se propõe.

Leitura bíblica: Mt 19,13-15 (evangelho segundo Mateus, capítulo 19, versículos de 13 a 15).

"A imposição das mãos é um dos mais belos gestos na Bíblia porque através dela alguém transmite a outro sua identidade. Um belíssimo gesto de aproximação e de fusão de dois mundos que pareciam ser diferentes. Jesus está com seus discípulos. Um grupo de adultos que pensam como adultos e falam como adultos. Mas a presumida estabilidade desse mundo adulto é invadida pela correria e alegria de crianças que vêm até Jesus. Jesus está no centro e para o centro é que as crianças correm.

Querem estar com Jesus e, muito provavelmente, desejam que ele se identifique com elas e que possam vir a ser como Jesus. Os discípulos pensam a partir da lógica do adulto e não conseguem entender o que está acontecendo. O que teria acontecido com Jesus? Muito provavelmente os discípulos haviam esquecido de que em todo adulto também reside uma criança.

Na cultura judaica a criança era apenas uma extensão da mãe que, por sua vez, era posse do homem. Uma sociedade fortemente hierarquizada entre fortes e fracos, homens e mulheres, adultos e crianças. Sempre havia polarização e a exigência de submeter alguém ao domínio de outro. Nessa sociedade o adulto produtivo era a referência máxima de força e, nesse contexto, a criança era considerada inútil e ignorante. No entanto, Jesus impõe as mãos justamente naqueles que não eram considerados 'úteis'. Não se tratava apenas de aceitar o desafio de ser como crianças para entrar no Reino. Nesse momento a criança não representava somente o modelo de vida a ser seguido. A criança, e quem é como ela, passa a ser a depositária do Reino dos Céus.

Nenhuma criança deve ser afastada de nós. Jesus, que estava no centro, chama para si aqueles que viviam às margens. Quem eram aquelas crianças? Pode-se dizer que são crianças anônimas. Vivem no anonimato e, por isso, não há necessidade de se conhecer seus nomes. Crianças, naquela época, estavam condenadas a viver como subgrupo. Quem se lembra daqueles que vivem nas periferias das cidades e das vilas? Geralmente nos lembramos do nome (identidade) somente daqueles que nos são importantes. Mas Jesus, que é adulto, não se deixa envolver pela lógica da marginalização que impede de ver a identidade e importância dos outros. Em Jesus se esconde uma criança. É adulto, mas seus olhos já foram os de uma criança. E o fato de chamá-las ao centro indica que ele também as torna testemunhas do Reino. Não são mais anônimas. Ao contrário, são também protagonistas do movimento de Jesus. Possuem um papel a desempenhar como discípulas e missionárias" (colaboração: Luiz Alexandre Solano Rossi).

Jesus acolhe as crianças. Mas quem são essas crianças? É importante que o catequista conheça cada catequizando e o estimule a se apresentar ao restante do grupo.

O Filho de Deus veio ao mundo para nos salvar. Mostre às crianças que Jesus as chama e lhes dá uma grande responsabilidade:

tornarem-se testemunhas do Reino, pois "é delas o Reino dos Céus".

PARA PENSAR

Estamos reunidos para refletir sobre o que Jesus nos fala para depois viver seus ensinamentos. As atitudes dele nos ajudam a crescer conscientes do que precisamos fazer para que o mundo possa servir a todos, sem deixar ninguém de lado.

Somos comunidade. Uma grande comunidade que vive diferentes situações e que tem muitas histórias para contar. Somos como uma família que mostra o caminho e transmite o testemunho do bem viver. Nela, temos alegrias e tristezas, conquistas e perdas que nos levam ao crescimento.

Para aprendermos a agir em comunidade e sermos cristãos, primeiramente vamos conhecer um pouco da pessoa de Jesus e do Reino que ele fez presente entre nós. Em seguida, veremos que o povo de Deus viveu uma grande história em Israel. Jesus está bem no centro desta história que começou antes dele. Saberemos isso ao estudar um livro muito importante: a Bíblia, que é uma coleção de livros que narram a Palavra de Deus em muitas histórias, as quais iremos conhecer a cada encontro. A Bíblia é a Palavra nascida da vida do povo em contato com o Deus verdadeiro, de sua experiência de fé; enfim, é a luz que revela para o homem o caminho da salvação.

PARA VIVENCIAR

O tema "Somos comunidade" não poderia ser iniciado sem a presença da própria comunidade. É interessante que a acolhida das crianças seja feita por pessoas que realizam algum trabalho na comunidade e se disponham a ser testemunho de vida a elas, que estão em preparação à vida eucarística. Essas pessoas, previamente convidadas, deverão se apresentar como padrinho ou madrinha do grupo com o objetivo de acompanhar os encontros e a participação das crianças na comunidade. No momento do encontro, elas conversam com as crianças dizendo quem são, onde moram, o que fazem na comunidade e o que esperam do grupo da catequese.

Pode-se preparar uma lembrança para as crianças levarem como recordação do encontro. Indicamos a elaboração de um anjinho de papel com barbante, para ser colocado na cabeceira da cama. Junto a ele, pode-se colocar a oração do "Anjo da Guarda" para ser rezada quando desejarem. A autonomia do momento é muito importante, pois a criança estabelece o significado da oração no seu dia a dia.

PARA CELEBRAR

Se for possível, saia com as crianças para que possam observar o bairro, a comunidade em que se encontram. Em círculo, peça a elas que se virem, estendam os braços e repitam: "Vamos abençoar nossa comunidade. Pensando nas crianças, nos jovens, nos adultos, nos idosos, nos doentes, nos presos, nos tristes e nos alegres, nas famílias que estão em suas casas, nas pessoas que estão longe trabalhando, pedimos a Deus por essas pessoas, as conhecidas e as desconhecidas. Que nosso Pai nos proteja".

De mãos dadas, todos cantam uma música cujo tema seja comunidade.

3º encontro

Vem e vê

PREPARANDO O AMBIENTE

Com as crianças do grupo, ou anteriormente, desenhe e recorte as palmilhas dos pés na cartolina e cole as pegadas indicando um itinerário.

ORAÇÃO

Seria interessante apresentar a montagem de um *power point* guiado pela música: "Amar como Jesus amou", do Pe. Zezinho.[1] É possível ouvi-la em Paulinas/Comep, no aplicativo de música de sua preferência.

TEMA

Leitura bíblica: Jo 1,35-42.

"O testemunho de João Batista alcançou sua meta quando dois de seus discípulos seguiram a Jesus. Essa seção pode ser dividida em dois episódios, isto é, no primeiro o discípulo é convidado por Jesus a segui-lo; no segundo episódio, os discípulos trazem outra pessoa até Jesus, enquanto confessam sua fé nele como o messias prometido.

---

[1] CD: *Os melhores momentos*. Paulinas/Comep.

João Batista aponta Jesus para seus discípulos e eles, imediatamente, o seguem. Não é João Batista o cordeiro de Deus que livrará o mundo do império da escravidão. Também João Batista é apenas uma testemunha que aponta e conduz outros até a presença de Jesus. E Jesus, percebendo que novas pessoas o seguem, vira-se para elas e pergunta o que estão fazendo. Na pergunta de Jesus se revela a preocupação se eles têm consciência do que estão fazendo.

Discipulado é algo sério! Exige reflexão e, portanto, não pode ser vivenciado sem reflexão. Fé é também pensar. Depois de breve conversa e de ter mostrado onde morava, aqueles discípulos deixaram definitivamente a João Batista e se tornaram discípulos de Jesus. Um desses discípulos tinha por nome André, que, completamente tomado por essa nova experiência, conduz seu irmão – Simão Pedro – até Jesus. Quando os dois estão um diante do outro, Jesus olha bem para ele e, mesmo não o conhecendo, age de maneira ousada, isto é, troca-lhe o nome. A partir daquele momento ele passaria a se chamar Cefas (que quer dizer Pedra).

Seguir a Jesus é uma experiência de alto impacto. Não significa um seguir a distância e sem que ele influencie em algum detalhe da vida. Ao contrário, seguir a Jesus significa estar muito próximo a ele. Tão próximo que ele tem condições de alterar completamente quem somos e o que fazemos. Os discípulos de João tiveram a experiência mais fantástica da vida deles. Viram, a partir do que seria considerado um simples e inofensivo contato, a vida mudar completamente de rumo. Não há como nos aproximarmos de Jesus sem que haja mudanças em nossas vidas.

Mais certo é ainda dizer que, se desejamos viver uma vida sem nenhum tipo de mudança, deveríamos permanecer o mais longe possível de Jesus. Esse é o caminho do discipulado que nos faz aproximar cada vez mais de Jesus, bem como conduzir outros a Jesus. Dessa forma, o discípulo não pode se ver apenas limitado ao 'ser discípulo', ele precisa também compreender a necessidade de 'fazer discípulo'. A partir dessa dupla condição poderemos nos ver como discípulos e missionários de Jesus Cristo" (colaboração: Luiz Alexandre Solano Rossi).

PARA PENSAR

Sempre é fascinante conhecer uma pessoa diferente. A gente aprende tanta coisa nova: jeito de falar, de usar as roupas, de contar casos e histórias que nunca tínhamos imaginado antes. João Batista, André e seu irmão Simão (depois chamado Pedro) encontraram-se pessoalmente com Jesus e mudaram o rumo de suas vidas.

João Batista dá testemunho de que Jesus é o Cordeiro de Deus; fala isto profetizando porque Jesus morrerá na cruz para salvar a humanidade, assim como os cordeiros eram oferecidos no Templo de Israel. Jesus era uma pessoa que atraía os demais, tinha uma grande autoridade, porque não existia diferença entre o que ele falava e o que ele fazia. Era mais que um profeta, é o Filho de Deus que se fez um de nós.

André e outro discípulo, ambos seguidores de João Batista, primeiramente reconhecem Jesus como Mestre (Rabi); queriam estabelecer contato com ele e, por isso, receberam a proposta: "Vinde e vede!". Depois de conhecê-lo mais de perto, André ficou tão maravilhado que contagiou seu irmão Simão. Falou-lhe de Jesus, agora não mais como um mestre, mas, cheio de fé, o reconheceu como o Cristo-Messias, isto é, o ungido por Deus com uma missão salvadora.

Por sua vez, o encontro de Simão com Jesus foi tão impactante que Jesus, ao olhá-lo firmemente, deu-lhe outro nome: Pedro. O encontro desses homens com Jesus resultou no *seguimento*, fez que eles não considerassem nada mais importante do que ficar com ele.

Hoje falamos dos seguidores de *instagram*, *facebook*... *Seguir Jesus Cristo* é mais que acompanhar alguém na rede social. Aí diariamente ficamos por dentro dos lances divertidos, das fotos mais interessantes e das ideias que o dono do *blog* comenta.

Seguir Jesus significa que queremos pensar e amar como ele, isto é, o modo de ser e de agir dele, como também os seus ensinamentos passam a ser o nosso jeito de viver. Podemos pensar assim: se ele estivesse no meu lugar agora, como reagiria nesta situação que estou passando? Nosso caminho na catequese consistirá, justamente, em conhecer Jesus, amá-lo e procurar viver do jeito dele.

Vamos nos aproximar dele, sentir a sua presença amiga e a força da sua graça. "Vinde e vede!" – É ele que nos convida, neste momento, para conhecer a sua casa e os lugares por onde anda. Ele nos diz: "Vós sois meus amigos, se fizerdes o que eu vos mando. Já não vos chamo servos, porque o servo não sabe o que faz o seu Senhor. Eu vos chamo amigos, porque vos dei a conhecer tudo o que ouvi de meu Pai" (Jo 15,14-15).

PARA VIVENCIAR

1) Você já pensou que Jesus o chama?
2) Você quer conhecer o modo de Jesus viver?
3) Você lembra a hora e o lugar de acontecimentos importantes da sua vida?

PARA CELEBRAR

Distribuir velas e acendê-las, ou então o grupo se coloca diante de uma vela acesa. Note bem, o importante é o simbolismo da luz.

Catequista: Jesus morreu e ressuscitou. Hoje, não podemos tocar ou ver Jesus corporalmente, por isso, as celebrações da Igreja rezam com símbolos que o fazem presente aos nossos sentidos. Olhando fixamente para esta luz, repitamos em voz baixa:

"Eu vim ao mundo como luz, para que todo aquele que crê em mim não permaneça nas trevas" (Jo 12,46).

"Eu sou a luz do mundo" (Jo 9,5).

Catequista: Senhor Jesus, queremos nos encontrar convosco e ser tocados pelo seu amor. Sabemos que sois o nosso amigo de todas as horas, que sempre nos acolheis e nos amais. Por isso, Senhor, vinde ficar conosco. Tomai-nos pela mão e guiai-nos pelo caminho iluminado que nos leva para longe da maldade, da violência e do egoísmo. A vossa luz sempre nos ilumine para sermos cada dia mais generosos e estamos prontos a fazer o bem.

Diante da luz, façamos nossa oração silenciosa, pois Jesus, como esta luz, está afastando a escuridão de nosso coração e nos ajudando a ver o que precisamos melhorar em nossa vida.

(Pausa.)

Catequista: Concluamos com a oração do Pai-nosso.

4º encontro

O Reino de Deus chegou

PREPARANDO O AMBIENTE

Providencie recortes de figuras de pessoas em ações solidárias ou que dedicaram sua vida para a promoção da justiça. Espalhe-os no chão, formando um caminho – desde a porta de entrada até o centro da sala –, de modo que os catequizandos os observem pelas laterais. No final, ou seja, no centro, coloque a Bíblia aberta.

ORAÇÃO

Leitura bíblica: Lc 4,14-21.

Observe bem o sentido de cada frase. Peça um momento de silêncio interior para refletir sobre o que foi lido. Em seguida, ainda em silêncio, convide os catequizandos a percorrerem o caminho das gravuras.

Questione-os sobre o projeto de vida de Jesus: "Para quem ele foi enviado? Quem são estas pessoas? Como elas viviam?". E quanto a nós? Diante de nossa realidade, qual é nossa missão? Nós a assumimos de fato?

Atualize a Palavra e faça com que eles a relacionem com a própria vida. Reze, com eles e bem devagar, os versículos 18 e 19. Escolha uma frase como resumo para memorização.

Tema

"Estamos diante do programa de trabalho de toda a atividade de Jesus. O texto está colocado precisamente no início da vida pública de Jesus. Se alguém quisesse saber quais seriam as ações, opções e comportamentos de Jesus, bastaria prestar atenção nas palavras que fluíam de seus lábios. Aquilo que Jesus tem para falar desperta a atenção de todos. São palavras carregadas de sentido, recheadas com um projeto de libertação. Palavras que vão ao encontro dos desamparados para que eles possam se sentir seguros e protegidos.

Percebe-se logo que o ministério/vida de Jesus está concentrado na periferia. Ele não se apresenta nos grandes centros nem frequenta as grandes cidades. Sua vida é direcionada aos oprimidos e vulneráveis. Ele decididamente permaneceu ao lado deles e, simultaneamente, condenou os opressores.

Ao ler o texto de Isaías 61,1-2 e aplicá-lo a si mesmo, Jesus assume sua vida e ministério no contexto em que está vivendo. Jesus não é um alienado que fecha os olhos para o que está acontecendo bem diante dele. Ele não nega a realidade, mesmo que ela seja opressora e criadora de pobreza e de marginalização. Ao contrário, assume sua vocação em meio a uma forte contradição social e se faz solidário daqueles que estavam sendo desumanizados e empobrecidos pelo sistema sociopolítico.

A realidade que os pobres viviam não era estranha a Jesus, pois que também o alcançava, bem como a sua família. O século primeiro foi marcado por grandes catástrofes na Palestina: secas, furacões, epidemias, tempos de fome. As propriedades eram concentradas nas mãos de poucos e com isso aumentava o número dos sem-terra; os impostos se multiplicavam não apenas nas porcentagens a pagar, mas também pelo aparecimento de outros novos.

O ministério de Jesus refletirá justamente essa situação. A multidão que o segue vive na periferia da vida, é uma quantidade enorme de pessoas que vivem no anonimato. São pobres, justamente, porque trabalham. Apresentam-se como vítimas de uma sociedade que cria a pobreza e faz da miséria um instrumento de riqueza de alguns poucos. A multidão que o segue passa fome e anda em busca de alimento como as ovelhas que não têm pastor para alimentá-las. Jesus não vira as costas para a multidão de pobres. Diante dessa multidão, a única opção que cabe é o exercício da solidariedade. A realidade que Jesus vive é seu maior desafio. Nela ele se encarna para que possa transformá-la" (colaboração: Luiz Alexandre Solano Rossi).

Jesus é o Messias tão esperado que veio libertar os oprimidos e inaugurar o "Reino de Deus, que é justiça, paz e alegria no Espírito Santo" (Rm 14,17).

O que é o Reino de Deus? Como ele se manifesta?

PARA PENSAR

O centro da mensagem de Jesus é o anúncio do Reino de Deus – "Completou-se o tempo, e o Reino de Deus está próximo" (Mc 1,15). Com Jesus se inicia um novo tempo, o tempo de Deus. O Reino é o próprio Filho de Deus, que assumiu a condição da natureza humana e inaugurou uma nova maneira de as coisas se organizarem na sociedade e de nos relacionarmos como filhos do mesmo Pai, isto é, como irmãos. Jesus estabeleceu a fraternidade universal – "Amai-vos uns aos outros". Jesus foi solidário com os mais fracos, viveu a partilha e foi servidor de todos.

Ele vira de cabeça para baixo nosso modo de pensar. Mas por quê? O seu Reino não se confunde com a força do poder deste mundo, com tramas e jogos gananciosos. Aquilo que o mundo afirma como sucesso, fama, poder e grandeza, Jesus vai dizer o contrário. Por exemplo: feliz quem é pobre, humilde de coração, construtor da paz... no seu Reino só tem lugar para quem é justo, protege o fraco e o órfão e faz o bem...

"Jesus passou fazendo o bem, veio para dar vida, e vida em abundância (Jo 10,10) [...]. Colocou-se ao lado dos indefesos, dos marginalizados, dos oprimidos e até dos estrangeiros e dos pecadores. Emprestou-lhes a voz, transmitiu força messiânica e a misericórdia do Pai. Com isto agiu contra a marginalização e combateu um sistema de profunda exclusão social, econômica, política e religiosa [...]. Seu coração misericordioso e compassivo estava em profunda sintonia com o sofrimento do povo empobrecido, o qual aprendeu a ver nele uma novidade em pessoa (Lc 4,18)".[1]

Não é verdade que o mundo vai afirmar valores bem diferentes desses?! Vai dizer: felizes são os poderosos deste mundo, que têm bastante dinheiro, são fortes...

Viver a novidade do Reino é vivenciar as bem-aventuranças, seguir os ensinamentos de Jesus e ser capaz de revelar a mentira do mundo com suas ciladas de felicidade consumista, de fama, de poder e de riqueza. O Reino de Deus não é comida nem bebida.

Pois então, o Reino inaugurado por Jesus quer que a gente viva de outra forma no mundo. Por isso, ele não foi compreendido e não aceitaram o seu ensinamento a ponto de o crucificarem.

Esta realidade nova e diferente, chamada Reino de Deus, começa a ser possível e a se concretizar com Jesus: a evangelização dos pobres, a libertação dos presos, a recuperação da vista e a liberdade dos oprimidos são uma maneira de mostrar que o Reino consiste em atitudes práticas que protegem os excluídos, a natureza e a vida. No Reino de Deus não há lugar para a exclusão, miséria ou fome. Somos libertados por Deus a viver em plenitude, com alegria e prontos para lutar contra tudo aquilo que nos queira paralisar. Onde as pessoas se mobilizam para gerar fraternidade, aí o Reino se faz presente e é possível percebê-lo entre nós.

Claro que este modo de falar pertence ao mundo da Bíblia, mas a gente compreende bem o que significa um coxo que comece a andar normalmente ou um surdo que se ponha a ouvir. Estas deficiências físicas também podem ser compreendidas como imagem daquelas deficiências que trazemos e que nos paralisam interiormente ou nos impedem de ver ou ouvir o outro que precisa de nossa ajuda.

---

[1] CNBB. *Exigências evangélicas e éticas de superação da miséria e da fome*. São Paulo: Paulinas, 2002, nn. 27-28. Documentos da CNBB, n. 69.

Quando um discípulo lhe perguntou onde estava o Reino, respondeu-lhe: "Ele está no meio de vós" (Lc 17,21). O Reino já está inaugurado, não acontece plenamente entre nós, mas já vemos os seus sinais nas pessoas que fazem o bem sem interesse e resistem à tirania e injustiça.

Jesus nos ensinou a pedir. Para que este Reino tome formas concretas de solidariedade entre todos, Jesus nos ensinou a pedir que ele venha logo. Na oração do Pai-nosso, suplicamos: "Venha a nós o vosso Reino", que é fraternidade, paz e justiça. Vamos pedir especialmente a justiça em nosso país, para que as autoridades exerçam o poder sem a corrupção das propinas e o desvio das verbas públicas.

Estar unido a Jesus significa que sou cidadão do Reino e, portanto, que vivo um tempo novo cheio da graça e da misericórdia de Deus. Assim, encontro uma nova forma de viver de acordo com o Evangelho, sem apegar-me aos bens deste mundo. Significa que busco as fontes da verdadeira alegria no amor-doação, no gesto de entrega ao outro. Por isso, Jesus disse: "Tive fome, estive doente, com sede e nu e você cuidou de mim" (Mt 25,35).

Neste Reino não há lugar para a tristeza nem a derrota, pois ele já está presente e atuante em nosso meio, e caminhamos para a sua plenitude quando estivermos face a face com Jesus.

PARA VIVENCIAR

Leve os catequizandos a refletir sobre o comodismo e o individualismo que muitas vezes nos impedem de nos colocarmos a serviço dos irmãos que precisam de nosso auxílio. Sugira que, no decorrer da semana, procurem prestar algum serviço social no colégio, na comunidade ou em casa, por mais simples que seja.

Questione-os: "Estamos empenhados em assumir nossa missão e transformar as realidades que destroem o ser humano e que contrariam o Reino que Jesus veio anunciar?".

Cabe a nós, hoje, fazer crescer esse Reino de amor, justiça, paz, partilha, fraternidade e esperança.

PARA CELEBRAR

Com os catequizandos, reze a oração do Pai-nosso. Destaque a frase: "Venha a nós o vosso Reino" (Reino de justiça, paz e fraternidade). Encerre o encontro motivando-os a se abraçarem e, dessa forma, abraçar o projeto de vida de Jesus.

5º encontro

O paralítico é curado

PREPARANDO O AMBIENTE

Buscar um lugar saudável para realizar o encontro. Possivelmente, ao ar livre, com elementos que indiquem saúde: luz natural, árvores, pista de caminhada, parque...

ORAÇÃO

Convidar as crianças a se darem conta de que existem pessoas enfermas, que sofrem dores e às vezes estão presas a uma cama. Pedir que citem alguns casos conhecidos por elas.

Catequista: no seu tempo, Jesus curou cegos, epiléticos, paralíticos e muitos que sofriam com doenças incuráveis, tal como a lepra.[1] As curas efetuadas por Jesus sinalizam a chegada do seu Reino de vida entre nós.

Todos: Jesus cura-nos das doenças e de todos os males que destroem as pessoas.

Leitor 1: O Senhor tem compaixão daqueles que sofrem e não quer ninguém com dor e tristeza no coração.

---

[1] Lepra: doença degenerativa que se manifesta especialmente na superfície das extremidades do corpo.

Todos: Jesus cura-nos das doenças e de todos os males que destroem as pessoas.

Leitor 2: No Reino de Jesus, não há lugar para a tristeza, a desarmonia e a dor.

Todos: Jesus cura-nos das doenças e de todos os males que destroem as pessoas.

Leitor 3: Jesus cura porque o Reino de Deus chegou com a sua vinda entre nós. Por isso, ele tem força sobre a doença.

Todos: Jesus cura-nos das doenças e de todos os males que destroem as pessoas.

TEMA

Leitura bíblica: Jo 5,1-15 – O *paralítico à beira da piscina de Betesda*.

Procure encenar este evangelho com o grupo.

"Todo encontro com Jesus é profundamente transformador. Sua presença é sinal claro de que algo está para acontecer. Ele se encontra numa piscina chamada Betesda. Ali era um local procuradíssimo por aqueles que tinham algum tipo de enfermidade, porque se dizia que um anjo, ao remexer as águas, curaria as enfermidades daqueles que delas se aproximassem. Na enormidade de pessoas que ali buscavam por uma única chance de se lançarem às águas, estava um homem doente havia trinta e oito anos. Todavia, enquanto ele se dirigia à água com tamanha dificuldade, outros chegavam à frente dele. Ali, mesmo em meio a tantas pessoas, esse homem não encontrava ninguém que lhe pudesse ser solidário. Restava, portanto, ficar esperando. Até quando? Indefinidamente? Outros trinta e oito anos? Não existia solidariedade em meio à dor e ao sofrimento. Cada qual pensava em seu próprio benefício.

Jesus, que estava na piscina observando toda a cena, se aproximou desse homem, perguntando-lhe: "Você quer ficar curado?". Talvez uma pergunta desnecessária para um enfermo. A resposta é mais do que certa. Mas Jesus não apenas quer curar, ele também deseja restabelecer a integridade e a dignidade dessa pessoa. Não basta apenas curar o físico. Jesus também deseja que aquele enfermo tenha autonomia e seja protagonista de sua própria vida. Não adianta ter o corpo completamente saudável e ser escravo emocional ou econômico de outra pessoa. Diante da ordem de Jesus, aquele que não podia se levantar dá um salto, ergue-se e assume o comando de sua vida. Está livre da doença, assim como está livre da dependência que o faz escravo de outros. O milagre de Jesus viola o sábado e isso incomoda a muitos. Aqueles que eram sadios fisicamente, mas encontravam-se escravizados religiosa e mentalmente, dizem àquele que fora curado: "Hoje é sábado. A lei não permite que você carregue a cama". A falta de solidariedade e de amor é explícita. Não conseguem ver o bem-estar do ser humano, e sim a quantidade de letras que envolve uma lei. Entre a lei e a vida eles optam pela lei. Todavia, a pergunta apropriada que deveríamos fazer para os personagens do texto e para todos nós é exatamente essa: o que é mais importante – a restauração da vida ou a manutenção da lei, mesmo que ela encaminhe para a morte? Para Jesus o mais importante é a vida, e por causa dela todo encontro com ele será necessariamente transformador. Nisso reside o encontro de Jesus com quaisquer pessoas, não importando o lugar onde elas se encontram. Elas não podem deixar o lugar do encontro sem que suas vidas sejam libertadas de todas as amarras da escravidão – quaisquer que sejam elas" (colaboração: Luiz Alexandre Solano Rossi).

PARA PENSAR

Todo encontro com Jesus Cristo é definitivamente transformador! Ele nos disse: "Eu sou o caminho, a verdade e a vida!"

(Jo 14,6). Toda doença e invalidez nos aprisionam e impedem a manifestação plena do ser humano. A missão de Jesus é justamente libertar as pessoas para que vivam em plenitude. Jesus nos anima, fortalece nossa vontade de lutar e de seguir adiante. Por isso, afirma: "Eu vim para que tenham vida, e a tenham em abundância" (Jo 10,10).

A pergunta de Jesus para o paralítico: "Queres ficar curado?" é dirigida a todo aquele que se sente atingido pela tristeza, falta de sentido de viver e de continuar lutando. Muitas vezes, exteriormente aparentamos estar bem, mas em nosso interior nos encontramos exauridos. Já notaram que, quando estamos tristes, tudo parece ruim e, pior ainda, quando estamos doentes, nada tem graça.

Jesus tem a força para nos colocar de pé outra vez e não nos deixar abater por nada. Sua palavra de ordem dirigida ao paralítico: "Levanta-te, pega a tua maca e anda" também é dirigida a toda pessoa sofredora que perdeu a esperança e se acha paralisada e sem forças para prosseguir na vida.

Com Jesus, não há lugar para a tristeza, a dor e a miséria. Somente ele pode nos reerguer e nos ajudar a superar nossas fraquezas. Vamos ter fé na pessoa dele, rezar sempre e tê-lo presente no coração. Porque o seu Reino já se faz presente em nosso meio e a doença e o pecado estão fora deste Reino.

PARA VIVENCIAR

Identifique pessoas doentes, sofredoras ou com alguma paralisia na comunidade, em sua família ou na escola. Comente no grupo da catequese o que podemos fazer concretamente para ajudá-las. Uma coisa é certa: aproximar-nos e manifestar nossa alegria de estar com elas já será de grande valia. Não é preciso ter pena, mas sim mostrar-lhes nossa atitude de que vale a pena continuar lutando e confiando na misericórdia e na providência de Deus em nossas vidas.

PARA CELEBRAR

Catequista: Assim como Jesus curava, a Igreja continua ao lado dos doentes para confortá-los e animá-los em sua dor. Por isso, a Igreja santifica o óleo, isto é, invoca o Espírito Santo sobre eles, com a finalidade de pedir a cura da doença para quem for ungido com esse óleo.

Para invocar a força do Espírito Santo, especialmente quando estamos fracos, a Igreja faz o gesto de estender as mãos sobre o enfermo; é a chamada "imposição de mãos".

Vamos pensar em nossas fraquezas, em nossos pecados, e nos ajoelhar em sinal de humildade diante de Deus. Abaixemos nossa cabeça e rezemos em silêncio, invocando a graça de Deus sobre nós.

(O catequista, em silêncio, impõe as mãos sobre cada cate-quizando por alguns instantes, sem nada dizer. Depois todos se põem de pé e o catequista poderá ungir os pulsos das crianças com azeite comum e depois abençoá-la.)

Catequista: O senhor Jesus Cristo esteja contigo para te proteger.

Todos: Amém.

Catequista: Esteja à tua frente para te conduzir, e atrás de ti para te guardar.

Todos: Amém.

Catequista: Olhe por ti, te conserve e te abençoe.

Todos: Amém.

Catequista: E que Deus todo-poderoso nos abençoe, nos guarde e nos livre de todo mal.

Todos: Amém.

6º encontro

Leitura orante – Zaqueu: o encontro com Jesus

PREPARANDO O AMBIENTE

Se possível realizar este momento orante aos pés de uma árvore. Oriente o grupo a se colocar em silêncio, numa posição confortável em atitude de escuta. Um boneco pode ser posto em um dos galhos, de modo que instigue a curiosidade do grupo sobre o tema a ser vivenciado. Se não houver esta possibilidade, que seja feito um painel com a imagem de uma árvore.

(Seguir os passos da leitura orante conforme a explicação da introdução.)

INVOCAÇÃO DO ESPÍRITO SANTO

Catequista: Em nome do Pai e do Filho e do Espírito Santo.

Todos: Amém.

Catequista: Vem, Espírito Santo, abre nossa mente e nosso coração para meditarmos a tua Palavra. Revela-nos o rosto de Jesus e dê-nos coragem para praticá-la.

Todos: Queremos viver a Palavra de Jesus. Queremos fazer a vontade de Deus e nada que lhe desagrade.

LEITURA

Leitura bíblica: Evangelho segundo São Lucas, capítulo 19, versículos de 1 a 10 – *A conversão de Zaqueu.*

"Zaqueu é um personagem importante para Lucas. Ele é apresentado como pertencendo a dois mundos muito simbólicos: é coletor de impostos (e por isso considerado impuro), mas também é aquele que responde generosamente ao chamado de Deus. Da mesma forma não nos devemos esquecer de que ele é apresentado como sendo rico. E isso nos leva a pensar que ele provavelmente tinha muitas dificuldades de se libertar das amarras da riqueza, bem como se relacionar com as demais pessoas, porque, provavelmente, a origem de sua riqueza era ilícita.

Ao aceitar a oferta de Jesus para ficar em sua casa, Zaqueu trouxe para dentro de si a maior das revoluções já pensada por um ser humano: a salvação alcançou a ele e a toda sua casa. A presença de Jesus torna possível o que é humanamente impossível. Aquele que era considerado impuro não está excluído do povo escolhido por Deus. Salvar o perdido pode ser percebido como uma reminiscência de Ezequiel 36,14, que retrata Deus como um pastor. Jesus procura o perdido para salvá-lo.

A aventura de Zaqueu tem início com uma curiosidade. E jamais uma curiosidade alterou de maneira tão grandiosa a vida de uma pessoa e de sua família. Jesus já estava em Jericó e sua fama o precedia. Uma verdadeira multidão o acompanhava por onde andava e em Jericó a situação não era em nada diferente. A cidade se encontrava agitada e Zaqueu não poderia deixar passar em branco essa oportunidade. Nasce nele um único desejo: ver Jesus! Mas do desejo para a sua concretização os passos são enormes.

Num primeiro momento exige mobilização, isto é, Zaqueu precisa sair de sua zona de conforto e de proteção. Afinal, Jesus não irá passar pela rua em que ele trabalha. O passo inicial deverá necessariamente ser dele. Mas é corajoso e sabe muito bem qual o seu objetivo. Ele vai ao encontro de Jesus. Mistura-se ao povo e procura encontrar a melhor posição para enxergá-lo. Contudo, ele não contava que a quantidade de pessoas seria maior do que pensara. E ao perceber a multidão, também precisou olhar para si mesmo e recordar que era pequeno, muito pequeno. Nesse momento o obstáculo parecia ser mais forte do que ele mesmo. Nisso viu uma árvore e, nela, a oportunidade de resolver de uma vez por todas o obstáculo.

Zaqueu é a figura de alguém que supera os obstáculos. Não se deixa abater e muito menos se desiludir. Olha para a frente à procura de uma solução. Sabe muito bem de suas limitações, porém não vive como se fosse limitado. Ele tem um objetivo que move a sua vida e, por conta disso, caminha. A curiosidade de Zaqueu o levou a uma mudança radical. A transformação foi de tal magnitude que ele teve consciência de que sua riqueza não havia sido conseguida de maneira honesta e, diante do impacto da vida de Jesus, ele dará metade de seus bens aos pobres e a todos aqueles que roubou devolverá quatro vezes mais" (colaboração: Luiz Alexandre Solano Rossi).

MEDITAÇÃO

Zaqueu queria muito ver e ouvir Jesus. Para isso ele não mediu esforços, apesar das limitações: grande número de pessoas e sua baixa estatura. E nós, estamos dispostos a ver e ouvir Jesus? Quais seriam as limitações que nos impedem de chegar até ele, de reconhecê-lo, de fazer o que ele nos pede? Como superá-las?

As pessoas, de modo geral, gostam de ouvir músicas e têm seus cantores preferidos. Colecionam antigos CDs e DVDs, pôsteres, vão a shows e não perdem a oportunidade de vê-los de perto, enfrentando todos os desafios que as possam impedir. Zaqueu fez o mesmo com Jesus. Correu para o alto de uma árvore e lá ficou esperando vê-lo passar. Como a gente faz para ver Jesus, hoje?

Zaqueu era desprezado e excluído, pois era tido como um pecador. Mesmo assim, Jesus não pergunta nem exige nada. Apenas o vê como era de fato e entende o que ele queria. Existem hoje pessoas como Zaqueu, que são desprezadas, marginalizadas, excluídas? Como acolhê-las?

A ternura acolhedora de Jesus provocou uma mudança total na vida de Zaqueu. Ele rompeu com toda a estrutura de uma vida anterior e transformou-se profundamente, convertendo-se. Você teria algo a modificar em sua vida? Como Jesus poderia ajudá-lo?

ORAÇÃO

O catequista apresenta ao grupo a proclamação do Salmo 24, versículos de 1 a 5. Pode dizer cada versículo em voz alta, de modo que o grupo possa repeti-lo, reafirmando a vontade de ver Jesus e de ouvir o que ele tem a dizer.

CONTEMPLAÇÃO

Assim como Zaqueu vai ao encontro de Jesus, nós também devemos fazer o mesmo, descobrindo em nossa família e em nossa comunidade ações que revelem o que as pessoas já estão fazendo para conhecer Jesus e viver de acordo com o que ele nos ensina.

ENCERRAMENTO

Todo o grupo é convidado a cantar e a seguir em procissão até a igreja/capela, apresentando-se diante do Santíssimo para a sua oração pessoal.

Cantemos: "Senhor, quem entrará no santuário..."

Celebração de abertura da catequese

Objetivo

Celebrar Deus que acolhe o compromisso da comunidade, dos familiares e dos catequizandos de aprofundar e se comprometer com as bem-aventuranças de Cristo e viver a doação e a prática do bem comum.

A equipe deverá providenciar Bíblias e crucifixos para todos os catequizandos. *Convém que o rito de abertura seja realizado após a homilia de uma celebração eucarística dominical, na presença das famílias e de toda a equipe de catequistas.*

Esta celebração se inspira no *Ritual de Iniciação Cristã de Adultos,* rito de entrada no catecumenato, nn. 68-97, e considera, no mesmo *Ritual,* as crianças não batizadas em idade de catequese, nn. 316-329.

Saudação e exortação

Quem preside saúda cordialmente os candidatos. Dirigindo-se a eles e a todos os presentes, expressa a alegria e a ação de graças da Igreja e lembra a necessidade de promover uma educação cristã autêntica a partir do testemunho da vida familiar e da colaboração de toda a comunidade.

DIÁLOGO

Quem preside: N., o que vocês querem ser?

A criança: Quero ser cristão.

Quem preside: Por que vocês querem ser cristãos?

A criança: Por que creio em Jesus Cristo.

Quem preside: Que dará a fé em Cristo?

A criança: A vida eterna.

Quem preside pode interrogar com outras palavras e admitir respostas espontâneas: *Quero fazer a vontade de Deus; Quero seguir a Palavra de Deus; Quero ser batizado; Quero ter fé; Quero ser amigo de Jesus; Quero ser da família dos cristãos* etc.

Quem preside conclui com uma breve catequese apropriada às circunstâncias e à idade das crianças, por exemplo:

Como vocês já creem em Cristo e querem receber o Batismo, vamos acolhê-los com muita alegria na família dos cristãos, onde cada dia vão conhecer melhor a Cristo. Conosco, vão procurar viver como filhos e filhas de Deus, conforme Cristo nos ensinou. Devemos amar a Deus de todo o coração e amar-nos uns aos outros assim como ele nos amou.

Quem preside dirige estas palavras ou outras semelhantes às crianças batizadas, que podem ficar de pé.

ADESÃO

Quem preside: A vida eterna consiste em conhecermos o verdadeiro Deus e Jesus Cristo, que foi enviado por ele. Após ressuscitar dos mortos, Jesus foi constituído, por Deus, Senhor da vida e de todas as coisas, visíveis e invisíveis. Se vocês querem ser discípulos deles e membros da Igreja, é preciso que sejam instruídos em toda a verdade revelada por ele, aprendam a ter os mesmos sentimentos de Jesus Cristo, procurem viver segundo os preceitos do Evangelho e amem o Senhor Deus e o próximo como Cristo nos mandou fazer, dando-nos o exemplo. Cada um de vocês está de acordo com tudo isso?

A criança: Estou.

DIÁLOGO COM OS PAIS E A ASSEMBLEIA

Quem preside *(voltando-se para os familiares, interroga-os com estas palavras ou outras semelhantes)*: Vocês, pais, familiares e amigos, que nos apresentam agora estas crianças, estão dispostos a ajudá-las a encontrar e seguir o Cristo?

Todos: Estamos.

Quem preside: Estão dispostos a desempenhar sua parte nesta preparação?

Os pais: Estamos.

Quem preside *(interroga todos os presentes, com estas palavras ou outras semelhantes)*: Para continuarem o caminho hoje iniciado, estas crianças precisam do auxílio de nossa fé e caridade. Por isso, pergunto também a vocês, seus amigos e companheiros: Estão vocês dispostos a ajudá-las a se aproximarem progressivamente do Batismo?

Todos: Estamos.

Quem preside *(de mãos unidas, diz)*: Pai de bondade, nós vos agradecemos por estes vossos filhos e filhas que de muitos modos inspirastes e atraístes. Eles vos procuraram e responderam na presença desta santa assembleia ao chamado que hoje lhes dirigistes. Por isso, Senhor Deus, nós vos louvamos e bendizemos.

Todos *(respondem, dizendo ou cantando)*: Bendito seja Deus para sempre.

ASSINALAÇÃO DA FRONTE E DOS SENTIDOS

Quem preside: Queridos catequizandos, entrando em comunhão com nossa comunidade, vocês experimentarão nossa vida e nossa esperança em Cristo. Agora vou, com seus catequistas, assinalá-los com a cruz de Cristo. E a comunidade inteira cercará vocês de afeição e se empenhará em ajudá-los.

(Ao assinalar a fronte:)

Recebe na fronte o sinal da cruz; o próprio Cristo te protege com o sinal de seu amor. Aprende a conhecê-lo e segui-lo.

(Ao assinalar os ouvidos:)

Recebam nos ouvidos o sinal da cruz, para que vocês ouçam a voz do Senhor.

(Ao assinalar os olhos:)

Recebam nos olhos o sinal da cruz, para que vocês vejam a glória de Deus.

(Ao assinalar a boca:)

Recebam na boca o sinal da cruz, para que vocês respondam à Palavra de Deus.

(Ao assinalar o peito:)

Recebam no peito o sinal da cruz, para que Cristo habite pela fé em seus corações.

(Ao assinalar os ombros:)

Recebam nos ombros o sinal da cruz, para que vocês carreguem o jugo suave de Cristo.

Quem preside, sem tocar nos catecúmenos, faz o sinal da cruz sobre todos ao mesmo tempo, dizendo:

Eu marco vocês com o sinal da cruz: Em nome do Pai, e do Filho e do Espírito Santo, para que vocês tenham a vida eterna.

Os candidatos: Amém.

Pode-se cantar esta aclamação de louvor a Cristo:

Glória a ti, Senhor, toda graça e louvor.

Quem preside: Oremos.

Deus todo-poderoso, que pela cruz e ressurreição de vosso Filho destes a vida ao vosso povo, concedei que estes vossos filhos e filhas, marcados com o sinal da cruz, seguindo os passos de Cristo, conservem em sua vida a graça da vitória da cruz e a manifestem por palavras e gestos. Por Cristo, nosso Senhor.

RITOS AUXILIARES

Crucifixos ou uma cruzinha para pôr no pescoço podem ser oferecidos como recordação da assinalação.

Depois, **quem preside**, auxiliado pelos catequistas, entrega aos catequizandos, com dignidade e reverência, Bíblias, dizendo estas ou outras palavras:

Recebe o livro da Palavra de Deus. Que ela seja luz para a tua vida.

O catequizando poderá responder de modo apropriado à oferta e às palavras de quem preside. Preces pelos catequizandos *(a assembleia dos fiéis faz estas preces ou outras semelhantes)*:

Quem preside: Oremos por estas queridas crianças, vossos filhos e filhas, companheiros e amigos, que agora procuram a Deus.

Leitor: Nós vos pedimos, Senhor, que aumenteis cada dia mais seu desejo de viver com Jesus.

R.: Nós vos pedimos, Senhor.

Leitor: Nós vos pedimos, Senhor, que elas sejam felizes na Igreja.

R.: Nós vos pedimos, Senhor.

Leitor: Nós vos pedimos, Senhor, a graça de perseverarem na preparação para o Batismo ou Eucaristia.

R.: Nós vos pedimos, Senhor.

Leitor: Nós vos pedimos, Senhor, que vosso amor afaste de seus corações o medo e o desânimo.

R.: Nós vos pedimos, Senhor.

Leitor: Nós vos pedimos, Senhor, que estas crianças tenham a alegria de receber o Batismo, a Confirmação e a Eucaristia.

R.: Nós vos pedimos, Senhor.

Quem preside: Ó Pai, que despertastes nestas crianças o desejo de ser bons cristãos, fazei que elas vos procurem sempre e vejam realizados seu desejo e nossas preces. Por Cristo, nosso Senhor.

Todos: Amém.

ORAÇÃO CONCLUSIVA

Os **catequizandos** inclinam a cabeça ou se ajoelham diante de **quem preside**. Este, com as mãos estendidas sobre os catequizandos, diz a seguinte oração:

Oremos. Deus eterno e todo-poderoso, sois o Pai de todos e criastes o homem e a mulher à vossa imagem. Acolhei com amor estes nossos queridos irmãos e irmãs e concedei que eles, renovados pela força da palavra de Cristo, que ouviram nesta assembleia, cheguem pela vossa graça à plena conformidade com vosso Filho Jesus. Que vive e reina para sempre.

R.: Amém.

Unidade II
Deus preparou o seu povo

Objetivo específico da unidade: traçar os acontecimentos do Primeiro Testamento com seus símbolos para que sejam assimilados como diálogo de aliança salvadora.

Abrange dez encontros com as crianças e dois encontros com os pais ou responsáveis; estes se encontram no Livro da Família. A seguir, são apresentados os temas próprios do Primeiro Testamento: criação, pecado, aliança, Páscoa/libertação e profetas. É interessante perceber a unidade da história da salvação, na qual vemos a ação de Deus interagindo progressivamente com a humanidade.

Deus fez este mundo tão grande e tão bonito

7º encontro

PREPARANDO O AMBIENTE

O catequista deve providenciar alguns elementos da natureza (terra, água, flores, frutos, ramos verdes), figuras de animais e de pessoas e uma vela acesa e distribuí-los no centro da sala. Em um canto da sala, dispor figuras da ação do homem na natureza, como queimadas, poluição do ar e da água, animais enfraquecidos ou mortos, e construções de risco e uma vela apagada.

Peça que os catequizandos formem um círculo em volta dos objetos e observem atentamente os símbolos de ambas as partes. Questione-os sobre a beleza das flores e a importância da água, essencial para a vida de todos os seres. Quem foi o criador de beleza tão perfeita? Dê alguns minutos para que eles reflitam sobre isso.

ORAÇÃO

Para rezar em dois coros: "Cântico das criaturas", de São Francisco de Assis.

Altíssimo, onipotente e bom Senhor.
A ti louvor, glória, honra e toda bênção!

Só a ti eles convêm, ó Altíssimo,
e nenhum homem é digno de te nomear.

Louvado sejas, meu Senhor, em todas as criaturas,
especialmente em nosso irmão Sol,

por quem nos dás o dia, a luz;
ele é belo, radioso, de grande esplendor.

Louvado sejas, meu Senhor, pela irmã Lua e pelas Estrelas!
no céu as formastes, claras, preciosas e belas.

Louvado sejas, meu Senhor, pelo irmão Vento.
E pelo Ar e pelas Nuvens, pelo azul do céu,
e por todos os tempos através dos quais sustentas toda criatura.

Louvado sejas, meu Senhor, pela irmã Água,
tão útil e tão humilde, preciosa e pura!

Louvado sejas, meu Senhor, pelo irmão Fogo,
através do qual iluminas a noite!
Ele é belo e jubiloso, indomável e forte!

Louvado sejas, meu Senhor, pela nossa mãe, a Terra.
Que nos apoia e nutre, que produz a infinidade de frutos,
com as flores e as folhas.

Louvai e bendizei ao meu Senhor,
dai-lhe graças e servi-o com toda a humildade.
Depois da oração, o catequista diz: Louvado sejas, meu
Senhor!

O catequizando completa espontaneamente a frase.

TEMA

Leitura bíblica: Gn 1,1-25.

Como o texto é longo, você poderá ler dois ou três versículos e, em seguida, fazer o relato bíblico de forma dinâmica, interagindo com os catequizandos. Após a leitura, peça que repitam a frase "Deus viu que isto era bom" (Gn 1,18). A partir dela, oriente-os a perceberem Deus como aquele que dá a vida. Ele conta conosco para a manutenção da vida.

Estimule os catequizandos a descobrir que a vida é o grande presente recebido de Deus e deve ser protegida. Deixe que falem sobre a importância da natureza. Peça que observem as figuras que retratam como a humanidade está tratando a criação de Deus. Questione: qual é a resposta do homem para Deus?

PARA PENSAR

Em Gn 2,15: "Deus tomou o homem e o colocou no jardim do Éden para o cultivar e o guardar", é-nos demonstrada a grande responsabilidade do homem de proteger e cuidar de toda a criação, como missão divina que lhe foi confiada. Dominar a natureza significou para muitas gerações apenas destruir e gastar suas reservas para grupos econômicos obterem lucros e vantagens.

Hoje se tornou-imprescindível valorizar a água, proteger os mananciais e não poluir os rios com esgotos e detritos da cidade, além de tentar diminuir a emissão de gás causador do efeito estufa, para que a camada de ozônio continue a nos proteger dos raios ultravioletas, evitando o aquecimento global.

O Senhor e você são sócios[1]

Goldberg tinha o mais belo jardim da cidade. Toda vez que o rabino passava por ali, gritava para ele:

– Seu jardim é uma coisa linda. O Senhor e você são sócios!

– Obrigado, rabino – Goldberg respondia, inclinando-se. Isso continuou por dias, semanas, meses.

Pelo menos duas vezes por dia, o rabino, indo e vindo da sinagoga, bradava:

– O Senhor e você são sócios!

Até que Goldberg começou a ficar aborrecido com o que o rabino, evidentemente, pretendia que fosse um elogio. Assim, da outra vez que o rabino disse: "O Senhor e você são sócios", Goldberg respondeu:

– Pode ser que seja verdade. Mas deveria ter visto este jardim quando o Senhor era o único dono!

---

[1] Cf. MELLO, Anthony de. *O enigma do iluminado*. São Paulo: Loyola, 1994.

O homem: criador ou destruidor? E o que fez o homem?[2]

No princípio, Deus criou os céus e a terra. Mas, depois de milhões de anos, o homem tornou-se, por fim, bastante inteligente. E disse:

– Quem é que está aqui, falando em Deus? Vou eu próprio tomar meu futuro em minhas mãos...

Na manhã do primeiro dia, resolveu o homem ficar livre e bom, belo e feliz. Não mais a imagem fiel de um Deus, mas, sim, um homem... No dia seguinte, morreram os peixes nas águas das indústrias e as aves nas emanações das fábricas químicas. No terceiro dia, secaram as ervas nos campos, porque o homem sozinho fazia o clima... Houve apenas um erro no computador que distribuía a chuva... No quarto dia, sucumbiram três dos quatro bilhões de homens: uns de doenças que o homem cultivou, outros de fome... No quinto dia, os últimos homens apertaram o botão vermelho, porque se sentiram ameaçados.

O fogo envolveu o globo terrestre: arderam as montanhas, evaporaram-se os mares e os esqueletos de cimento armado aí estavam enegrecidos, fumegantes... No sexto dia, apagou-se a luz. A poeira e a cinza encobriram o sol, a lua e as estrelas. No sétimo dia, reinava a calma, por fim. A terra estava deserta e vazia. E as trevas desceram sobre os despenhadeiros e abismos.

PARA VIVENCIAR

Fazemos parte da obra da criação. Peça que os catequizandos observem melhor a natureza que nos cerca. Cabe a nós a responsabilidade de continuá-la. *Você tem cuidado da natureza? De que forma?* Pensem juntos uma frase que manifeste o benquerer pela natureza.

---

[2] DESSECHER, Klaus. *De mãos dadas*. São Paulo: Scipione, p. 14.

Para celebrar

Reze o Salmo 8 em dois coros e o refrão todos juntos.[3] Após a leitura, peça silêncio e, espontaneamente, repetem-se algumas frases.

Lembre as crianças que em toda celebração eucarística há a proclamação do salmo entre as duas primeiras leituras. O salmo é a resposta orante do ser humano que se reconhece diante de Deus nas situações mais variadas da vida: sofrimento, alegria, doença, ação de graças, súplica...

O importante é fazer nosso o sentimento do salmista que, neste caso, reconhece a grandeza da obra de Deus, que, sem nenhum mérito por parte do ser humano, tudo criou para servi-lo.

A obra da criação se faz presente em toda a celebração eucarística, especialmente durante a apresentação dos dons do pão e do vinho, frutos da terra e do trabalho humano.

Dois leitores (*a uma só voz*):

Ó Pai, é nosso dever dar-vos graças, é nossa salvação dar-vos glória: só vós sois o Deus vivo e verdadeiro que existis antes de todo o tempo [...]. Porque sois o Deus de bondade e a fonte da vida, fizestes todas as coisas para cobrir de bênçãos as vossas criaturas e a muitos alegrar com o esplendor da vossa luz.[4]

Dois leitores: Nós vos louvamos por todas as coisas bonitas que existem no mundo [...]. Nós vos louvamos pela luz do dia e por vossa Palavra que é nossa luz. Nós vos louvamos pela terra onde moram todas as pessoas.

---

[3] Este salmo pode ser cantado com a melodia da ir. Miriam Kolling.

[4] MISSAL ROMANO. Prefácio da Oração Eucarística IV.

Obrigado pela vida que de vós recebemos.

Todos: O céu e a terra proclamam a vossa glória!

Hosana nas alturas![5]

---

[5] Id. Prefácio da Oração Eucarística IX (para Missas com Crianças I).

Homem e mulher, imagem e semelhança de Deus

8º encontro

PREPARANDO O AMBIENTE

Receba os catequizandos de maneira bem festiva. Decore a sala com um painel que retrate a natureza e insira no centro dele a figura de um homem e uma mulher de mãos dadas. Providencie alguns recortes de jornais ou revistas que ilustrem fatos preconceituosos em relação às mulheres e outros que mostrem a ação destrutiva do homem sobre a natureza e sobre o próximo.

ORAÇÃO

Faça uma breve partilha sobre a vida e os acontecimentos atuais. Sugestão de canto: "O louvor pela criação" (Dn 3,57ss):

Sol e lua, bendizei ao Senhor!
Fogo e calor, bendizei ao Senhor!
Mares e rios, bendizei ao Senhor!
Peixes do mar, bendizei ao Senhor!
Pássaros do céu, bendizei ao Senhor!
Animais selvagens, bendizei ao Senhor!
Filhos dos homens, bendizei ao Senhor!

TEMA

Leitura bíblica: Gn 1,26-31; 2,18-24 – *Homem e mulher, ele os criou*.

O texto bíblico contém em si um modo de expressão marcadamente simbólico, mas rico de significado. Deus criara o homem de suas mãos dadivosas. E este homem estava prendado de uma inteligência aguda e penetrante, pois tinha descoberto, adivinhado e imposto o nome às inúmeras realidades, que se situavam ao seu redor: árvores floridas, estrelas cintilantes, animais graciosos... Dar o nome, na linguagem bíblica, implica a inserção profunda na essência da coisa, à qual se impõe o nome. Entretanto, rodeado pela imponência da criação, o homem não encontrava um ser que lhe fosse próximo, lhe fosse semelhante, lhe fosse companheiro, à altura de suas aspirações.

Foi então que Deus decidiu dar-lhe uma ajuda condigna e prestante: "Não é bom que o homem esteja sozinho. Vou fazer para ele uma auxiliar, que lhe seja semelhante" (Gn 2,18). Deus envolveu Adão num torpor, extraiu-lhe do lado o "encaixe" (em hebraico *Seláh*) e com ele plasmou uma mulher (em hebraico *isháh*), e a conduziu perante o homem. Este ficou encantado e exclamou: "Essa, sim, que é carne da minha carne e osso dos meus ossos. Ela será chamada mulher (*isháh*), porque foi tirada do homem (*ish*)" (Gn 2,23).

Ressalte a grandeza do ser humano, máxima criação de Deus; a complementaridade do homem e da mulher, que juntos revelam a imagem e semelhança de Deus. Diante dele, ambos têm o mesmo valor. Questione se isso realmente ocorre no trabalho, em casa, na sociedade. Possibilite que os catequizandos falem sobre essas diferenças. Ilustre com exemplos vistos nos meios de comunicação e conhecidos pelos catequizandos.

PARA PENSAR

A Bíblia relata a criação máxima de Deus: o homem e a mulher, criados à imagem e semelhança do próprio Deus da vida, os quais são bem diferentes do restante da criação, porque possuem inteligência, vontade, consciência e liberdade.

"Deus modelou o homem com a argila do solo, insuflou em suas narinas um hálito e o homem se tornou um ser vivente" (Gn 2,7). Deus sopra o seu espírito de vida no ser humano, que traz consigo o espírito divino, o traço divino que marca a sua alma, o princípio espiritual e imortal de sua vida.

Deus viu que não era bom que o homem estivesse só. O relato da criação da mulher a partir da costela de Adão (Gn 2,21-23) é importante, porque, segundo a mentalidade judaica, mostra que ela é "carne de minha carne", em tudo semelhante ao homem. Ao ser tirada da altura mediana do homem, demonstra a sua condição de igualdade com ele. Não lhe é superior, porque não nasceu de sua cabeça, nem inferior, porque não lhe foi tirada dos pés.

A unidade homem e mulher forma a imagem de Deus: "Deus criou o homem à sua imagem [...] homem e mulher ele os criou" (Gn 1,27). Por isso, foram constituídos igualmente em dignidade, direitos, deveres e capacidades. "Por ser à imagem de Deus, o indivíduo humano tem a dignidade de *pessoa*: ele não é apenas alguma coisa, mas alguém. É capaz de conhecer-se, de possuir-se e de doar-se livremente e entrar em comunhão com outras pessoas, e é chamado, por graça, a uma aliança com seu Criador, a oferecer-lhe uma resposta de fé e de amor que ninguém mais pode dar em seu lugar. Deus criou tudo para o homem, mas o homem foi criado para servir e amar a Deus e oferecer-lhe toda a criação".[1]

PARA VIVENCIAR

Como compromisso da semana, peça que os meninos cate-quizandos superem os preconceitos e passem a valorizar mais as meninas. É preciso resgatar os valores da amizade, da partilha e do companheirismo entre eles como superação da ideia de que

---

[1] *Catecismo da Igreja Católica*, nn. 357-358.

amizade supõe outros interesses. Indique-lhes a leitura de Gn 2,18-24, se possível com os familiares. Deus criou o homem e a mulher na igualdade para serem companheiros.

PARA CELEBRAR

Peça que eles façam um círculo, intercalando menina e menino, e se deem as mãos. Conduza uma oração espontânea agradecendo e louvando a Deus pelas diferenças que se completam e que, diante de Deus, homem e mulher sintam-se iguais, com a mesma capacidade, dignidade, direitos e deveres de filhos e filhas de Deus. Chame a atenção deles para que sintam o calor da mão do irmão, da irmã...

Catequista: Repitam lentamente: "Homem e mulher criados à imagem de Deus para o amor".

Para conviver bem, é preciso resgatar algumas qualidades em nós *(à medida que o catequista pronuncia os vocábulos citados a seguir, os participantes repetem)*: tolerância, paciência, capacidade de dialogar, lealdade, colaboração, fidelidade, respeito, compreensão.

Reze a seguinte oração alternando entre os meninos e as meninas.

Senhor, tu que nos criaste à tua imagem e semelhança,
Homem e mulher, misteriosa mistura de terra
Animada do teu sopro divino,
Vem habitar a respiração do nosso amor.
Que cada uma das nossas aspirações seja acolhida
No ritmo do teu próprio amor.
Senhor,
Tu, a fonte transbordante de todo amor humano,
Concede-nos a graça de nos tornar,

Um para o outro,
Um sinal de tua presença invisível,
Um apelo a amar sem esperar recompensa,
Um sacramento, um caminho
Que conduza ao teu Reino de vida eterna.[2]

(Após a oração do Pai-nosso, encerre o encontro solicitando que todos se deem um abraço fraterno.)

---

[2] HUBAUT, Michael. Vem habitar a respiração do nosso amor. In: VERNETTE, Jean. *Parábolas para os nossos dias.* São Paulo: Loyola, 1993.

9º encontro

Afastar-se de Deus

PREPARANDO O AMBIENTE

Providencie fotos e recortes de revistas que reflitam a expressão do mal na sociedade e elementos como galho seco, areia, pedras. Contrapondo-se a isso, arranje um vaso com folhagem e artigos de jornais ou revistas que retratem a solidariedade humana. Disponha-os na sala.

ORAÇÃO

Na celebração da Eucaristia, há várias expressões de pedido de perdão a Deus. No início da celebração, rezamos o ato penitencial para melhor acolher a Palavra. Vamos, agora, celebrar um pequeno ato penitencial.

Inicie uma oração pessoal e peça que os catequizandos reflitam sobre a bondade de Deus que, mesmo diante de nossas fraquezas e atos maus, continua conosco. Voluntariamente, cada um pode expor uma situação de pecado, ao que todos repetem: "Senhor, tende piedade de nós!".

TEMA

Peça que os catequizandos observem os materiais expostos na sala. Estabeleça um diálogo motivador sobre o pecado, como sinônimo de morte, e a vida que se expressa na bondade, no amor e em Deus. Chame atenção para os elementos que expressam a vida e a morte. Comece a indagar sobre os efeitos destruidores no mundo, mas também sobre as ações de solidariedade e união na sociedade. Depois, coloque em discussão os efeitos do bem e do mal que estão internalizados em cada um de nós.

Leitura bíblica: Gn 3 – O *pecado entra no mundo*.

Como o texto é longo e requer boa compreensão, convém recontá-lo em forma de relato, interagindo com os catequizandos. Necessariamente, as coisas não aconteceram como foram relatadas. Mais do que narrar como ocorreram os fatos, o autor bíblico quer que tiremos uma conclusão sábia do relato. Ele nos transmite uma mensagem, que devemos entender bem. "Não devemos nos preocupar demais em saber se um determinado fato que a Bíblia conta aconteceu exatamente assim, se era tão milagroso ou não. O importante é descobrir a mensagem e aplicá-la à vida."[1]

PARA PENSAR

Nossos primeiros pais, Adão e Eva, foram tentados, quiseram ser como o Criador, e, assim, romperam o diálogo e a harmonia com Deus e se afastaram dele. Deixaram-se enganar pela voz tentadora da serpente ao prometer-lhes que, se desobedecessem a Deus, seriam como ele, conhecedores do bem e do mal. Dessa forma, eles ultrapassariam a condição de criaturas e se igualariam a Deus. É o pecado do orgulho e da vaidade que os levaram à competição com Deus, recusando-se a se submeterem a ele, que quer somente o nosso bem.

Deus criou um jardim, o Paraíso, com a árvore da ciência no centro: imagem da natureza em harmonia, mas, no momento em que o ser humano começa a pecar, conhece a morte. O fruto da árvore da ciência é o conhecimento do bem e do mal. A serpente é o símbolo clássico da traição, também escolhida

---

[1] BROSHUIS, Inês. *A Bíblia na catequese*. São Paulo: Paulinas, 2001. p. 25.

para representar o mal por ser adorada como um deus por povos vizinhos aos judeus.

"A sensação de estar nu após comer da fruta (a narração não diz que é uma maçã), mais do que perceber que estavam sem roupas, mostra o sentimento claro de estar fora de lugar, em desarmonia com o Paraíso criado por Deus sem maldade, egoísmo, orgulho e cobiça."[2]

Essa condição de pecadores permanece conosco até hoje, pois, mesmo firmados no amor de Deus e orientados por nossos pais, pomos a culpa no outro pelos erros que cometemos, escondemos nossas maldades, muitas vezes não colaboramos por preguiça... Como o pecado é fruto do orgulho humano contra Deus, ele permanece dentro de nós, por isso trazemos em nosso coração duas vontades: do bem e do mal.

Nossa sociedade é reflexo do bem e do mal que praticamos aos outros. Deus quer nos ajudar a superar o mal para vivermos em harmonia, sem ódio, sem drogas, sem violência.

PARA VIVENCIAR

Solicite que os catequizandos, durante a semana e com o auxílio de familiares, leiam Gn 4,1-16 – *Caim e Abel*, reflitam sobre a mensagem e conversem com os pais sobre a inveja, o ciúme e a raiva contra o irmão ou pessoas próximas. Em seguida, peça que escrevam quatro frases sobre o tema para serem comentadas no próximo encontro.

PARA CELEBRAR

Em círculo, as crianças são convidadas a fazer, silenciosamente, o exame de consciência. Lembrando-se sempre de que, conscientes

---

[2] BRUSTOLIN, Leomar A.; LELO, Antonio F. *Iniciação à vida cristã*; Batismo, Confirmação e Eucaristia de adultos. São Paulo: Paulinas, 2011. pp. 85-86.

de ter feito algo ruim, devemos nos arrepender e fazer o firme propósito de não voltar a cometer tal ato.

A oração seguinte é rezada na missa, acompanhada do gesto de bater duas vezes no peito com a mão direita fechada, como forma de reconhecer-se pecador e, ao mesmo tempo, pedir ajuda dos irmãos para interceder a Deus em seu favor, como também invocar a misericórdia divina.

Catequista: Reconheçamo-nos necessitados da misericórdia do Pai. Confessemos os nossos pecados.

Todos: Confesso a Deus todo-poderoso e a vós, irmãos e irmãs, que pequei muitas vezes por pensamentos e palavras, atos e omissões. Por minha culpa, minha tão grande culpa. E peço à virgem Maria, aos anjos e santos e a vós, irmãos e irmãs, que rogueis por mim a Deus, nosso Senhor.

(Conclua dizendo que Deus, na sua infinita bondade, acolhe de braços abertos aqueles que se arrependem e estão dispostos a mudar. Convide todos a se despedirem jubilosos, dando ao amigo o abraço de paz que receberam de Deus.)

10º encontro

Deus continuou com seu povo

PREPARANDO O AMBIENTE

Receba-os carinhosamente. Disponha as cadeiras em dois semicírculos. Num canto da sala, coloque uma mesa com toalha branca; em seu centro, um crucifixo e uma flor. De um lado, coloque uma Bíblia; de outro, uma vela e apenas o Novo Testamento. Faça dois círculos com material chamativo, como, por exemplo, papel crepom. Coloque um na Bíblia e o outro na vela e no Novo Testamento.

ORAÇÃO

Seguindo o livro de catequese, reze o Salmo 1 – *Os dois caminhos*. Em seguida, com os catequizandos, reflita um pouco sobre a mensagem. Quem são os injustos no mundo de hoje? Quem são os justos? O que acontece com os ímpios? E com os justos? Qual o caminho que queremos seguir?

Meninas: Feliz o homem que não vai ao conselho dos injustos,
Não para no caminho dos pecadores,
Nem se assenta na roda dos zombadores.

Meninos: Pelo contrário, seu prazer está na lei de Deus,
E medita sua lei, dia e noite.

Meninas: Ele é como árvore plantada junto d'água corrente:
Dá fruto no tempo devido, e suas folhas nunca murcham.
Tudo o que ele faz é bem-sucedido.

Meninos: Não são assim os injustos! Não são assim!
Pelo contrário, são como palha que o vento arrebata...

Meninas: Por isso os injustos não ficarão de pé no julgamento,
Nem os pecadores na assembleia dos justos.

Todos: Porque o Senhor Deus conhece o caminho dos justos,
Enquanto o caminho dos injustos perece.

TEMA

Acenda a vela e convide os catequizandos a observar a mesa.
Em seguida, explique as alianças que Deus fez com a humanidade.

Leitura bíblica: Gn 17,1-8 – *A aliança com Abraão*. Se for
necessário, repita a leitura. Reflita sobre Abraão. Associe o Salmo 1 com essa leitura, em especial o último versículo: *Porque o
Senhor Deus conhece o caminho dos justos*.

Procure estabelecer um paralelo entre a caminhada da vida e
a caminhada do povo de Deus. Exalte a importância da presença
de Deus na caminhada do povo, na vida do ser humano.

Motive os catequizandos a falarem sobre os familiares – pais,
avós, tios –, elaborando uma árvore genealógica. É importante que
percebam que não caíram no mundo de um paraquedas, mas que
todos têm uma descendência, uma história formada como uma
corrente, na qual os elos se unem.

PARA PENSAR

Deus celebra a aliança, pois quer estar com seu povo, caminhar com ele e ser o seu Deus. O povo de Deus começou a se formar por volta de 1850 a.C., há quase 4 mil anos. Com a família de Abraão e Sara, inicia-se uma grande nação, um grande povo: o povo de Deus.

Naquela época, eram constantes as migrações dos caldeus, rumo ao norte da Mesopotâmia. Essa situação foi vivida por muitas outras famílias. Abraão, homem justo e cheio de fé, foi escolhido por Deus para selar uma aliança. Com Sara, teve um filho, Isaac, que se casou com Rebeca, com quem teve dois filhos: Esaú e Jacó.

Jacó, chamado depois Israel, teve duas esposas e também se relacionou com duas escravas. Fazia parte da cultura daquela época ter mais de uma mulher para gerar muitos filhos e garantir a descendência.

Jacó e Lia (6 filhos)	Jacó e Zelfa (escrava de Lia) 2 filhos	Jacó e Raquel (2 filhos)	Jacó e Bala (escrava de Raquel) 2 filhos
Ruben	Gad	José	Dan
Simeão	Aser	Benjamin	Neftali
Levi			
Judá			
Issacar			
Zabulon			

Seus 12 filhos deram nome às 12 tribos de Israel. Surge um povo novo, o povo de Israel. Seus líderes foram chamados de patriarcas (Abraão, Isaac, Jacó) e de matriarcas (Sara, Raquel, Lia). Recebemos deles a fé no Deus vivo. Não é um Deus de gesso ou madeira, mas sim aquele que caminha junto com seu povo, porque o ama e quer o seu bem.

A primeira aliança (pacto, compromisso) foi celebrada primeiramente com Abraão; depois, com Moisés. Cada vez que nos reunimos como comunidade, como povo de Deus para rezar, expressamos essa realidade e renovamos a aliança que Deus fez conosco, prometendo nunca nos abandonar.

A aliança que fez é bilateral, por isso nos garante: "Estabelecerei minha aliança entre mim e ti" (Gn 17,7). Somos reunidos por sua Palavra para selarmos uma aliança de amor e de compromisso. Queremos ser iluminados pela luz de Deus para sermos fiéis ao pacto de aliança que ele fez conosco.

A cruz, a encarnação (nascimento), a vida, paixão e morte de Jesus Cristo, filho de Deus, revela a aliança definitiva de Deus com a humanidade. Deus se fez homem para que o mundo o conhecesse e aprendesse a relacionar-se com ele.

PARA VIVENCIAR

Recomende às crianças que conversem com os pais ou familiares a respeito da infância, adolescência e juventude deles, traçando-lhes um retrato do passado; além de relatarem-lhes como perceberam a ação de Deus ao longo da vida, abrangendo os momentos difíceis e os alegres. Não podemos desprezar o passado, pois é referencial para o presente.

PARA CELEBRAR

As caminhadas e as procissões têm o intuito de fazer-nos vivenciar que somos povo da aliança a caminho da casa do Pai, por isso ele nos protege e está sempre conosco. Se for possível, organize uma pequena procissão até a Igreja. Escolha um canto de entrada com o tema da aliança, acenda o círio, pegue a Bíblia e reze a oração citada a seguir (ou outra costumeira, como também os salmos ou algum versículo bíblico).

Lembremo-nos de que, na celebração eucarística, acontecem três procissões: entrada dos ministros, apresentação dos dons do pão e do vinho e comunhão. Durante a caminhada (procissão), rezemos:

O Senhor Nosso Deus é o único Senhor,
portanto amarás o Senhor teu Deus
com todo o teu coração e com toda a tua alma.
Senhor, abençoa nosso desejo de caminhar contigo.
Ajuda-nos a te procurar sempre.
Que o teu olhar esteja sempre voltado para nossa família
assim como nós estaremos voltados para vós. Amém!

11º encontro

Moisés, chamado por Deus

PREPARANDO O AMBIENTE

Deixe um par de sandálias e uma bolsa ou embornal à vista dos catequizandos.

ORAÇÃO

Catequista: Deus chamou muitas pessoas para defender o povo ao longo da história.

Todos: O Senhor nos chama para uma missão!

Leitor: Deus chamou Abraão e lhe fez uma promessa: "Ergue os olhos para o céu e conta as estrelas [...] assim será a tua posteridade" (Gn 15,5).

Todos: O Senhor nos chama para uma missão!

Leitor: Deus viu a situação de opressão em que vivia seu povo no Egito e por isso disse: "Eu vi, eu vi a miséria do meu povo que está no Egito. Ouvi o seu clamor por causa dos seus opressores; pois eu conheço as suas angústias. Por isso desci a fim de

107

libertá-lo da mão dos egípcios, e para fazê-lo subir daquela terra a uma terra boa e vasta, terra que mana leite e mel" (Ex 3,7-8).

Todos: O Senhor nos chama para uma missão!

Catequista: Ó Pai! Vós sempre vos lembrais do vosso povo para que não seja escravizado. Louvado sejais por vossa misericórdia, vossa graça e vossa providência. Hoje, somos o novo povo que precisa de vossa compaixão. Não nos abandoneis, por vosso Filho Jesus que convosco vive e reina na unidade do Espírito Santo. Amém.

TEMA

Leitura bíblica: Ex 3,1-8.13-15 – *Vocação e missão de Moisés.*

Deus aparece a Moisés no meio de uma sarça em chamas (o fogo purificador, que aponta para o Deus Puríssimo) e lhe revela seu nome: "Javé: Eu Sou Aquele Que Sou" (v. 14), Deus, a plenitude do ser, Deus, o oceano de todas as perfeições, mas também o Deus que se compadece de seu povo oprimido e quer libertá-lo da escravidão faraônica. E, na verdade, esse Javé, plenitude do Ser e da Vida, libertou o seu povo, quebrou as algemas que aprisionavam os escravos, batizou e alforriou nas águas do Mar Vermelho e na Nuvem Branca (símbolo da presença protetora do Altíssimo) um povo novo emergente, ao qual alimentou com o maná e matou a sede com as nascentes da água, jorrando das encostas das montanhas.

Você poderá usar o recurso de recontar o fato bíblico. Apresente a vocação como o cuidado de Deus em dar sentido à vida de uma pessoa, elegendo-a e confiando a ela uma missão em favor do povo.

Para pensar

Moisés nasceu no tempo em que os hebreus, seus irmãos, viviam no Egito e ali, por serem numerosos, representavam perigo para os egípcios que receavam ser dominados.

O faraó começou a oprimi-los, obrigando-os a trabalhos forçados nas grandes construções públicas. Por fim, decretou que todo menino hebreu que nascesse deveria ser morto. As parteiras hebreias procuravam esconder as crianças. Moisés sobreviveu[1] e foi criado no palácio pela princesa, filha do faraó.

Um dia, ao ver um hebreu ser maltratado por um soldado egípcio, Moisés lutou com ele e acabou matando-o. Com medo da perseguição do faraó, fugiu para o deserto. Na solidão do deserto, Deus o chamou no alto da montanha, onde havia uma sarça, pequeno arbusto, que ardia em fogo sem se consumir. "E Deus o chamou do meio da sarça: 'Moisés, Moisés'. Este respondeu: 'Eis-me aqui'" (Ex 3,4).

Aí se dá o diálogo do Deus que chama uma pessoa para uma missão e esta, com medo, apresenta suas dificuldades e limites. Moisés diz que não sabe falar. Deus garante-lhe ajuda e fidelidade.

Deus continua chamando libertadores para seu povo. As amarras do mal têm força aparente e não conseguem destruir o plano de salvação que Deus tem para o ser humano. Hoje encontramos nos passos de Moisés libertadores do povo, pessoas convocadas para exercerem o bem público em nome de Deus, como, por exemplo, dom Paulo Evaristo Arns, dom Luciano Mendes de Almeida, irmã Dulce, na Bahia, e dom Oscar Romero, em El Salvador.

Para vivenciar

Identifique, com o grupo, a missão de Deus em sua comunidade. Discuta sobre o que falta às pessoas para viverem em

---

[1] É interessante fazer a leitura do relato da vocação de Moisés em Ex 1–6.

harmonia, cientes de seus direitos e deveres como cidadãs. Como Deus chama a cada um de nós?

Para celebrar

Inicie a celebração dizendo que, imediatamente antes de recebermos o banho batismal, nossos pais assumiram a missão de viver o Evangelho e, por isso, renunciaram à opressão ou ao pecado que produzem toda sorte de violência na sociedade. Eles fizeram isso por nós. Cabe-nos, ao longo de nossa vida, manter essa palavra de renúncia ao mal e lutar contra tudo o que destrói a missão de fraternidade a que Deus nos chama.

Catequista: Desafiados todos os dias pelas forças do maligno, vocês querem dizer não ao demônio e às suas armadilhas?

Catequizandos: Queremos.

Catequista: Conscientes do egoísmo que está em cada um de nós e que gera tantas formas de violência, vocês querem abandonar tudo o que os impede de viver como irmãos?

Catequizandos: Queremos.

Catequista: Ó Pai, ao longo da história de Israel, sempre chamastes pessoas retas para guiar o vosso povo. Por meio delas, realizastes maravilhas. Chamastes os patriarcas, Davi, os profetas e tantos homens e mulheres que defenderam a vida do povo.

Renovai, entre nós, o vosso chamado para que também possamos servir a vós e agradar-vos com uma vida que traga paz à comunidade em que vivemos. Por Cristo Nosso Senhor, na unidade do Espírito Santo. Amém.

12º encontro

Deus libertou seu povo

PREPARANDO O AMBIENTE

Num canto da sala, coloque um cartaz com figuras que ilustrem fome, desemprego, natureza morta, poluição, guerra. No lado oposto, um outro cujas ilustrações indiquem amor, solidariedade, partilha, alimento, flor, animais, trabalho, hospital, escola.

ORAÇÃO

Peça que as crianças façam um círculo. No centro, coloque uma vasilha, preferencialmente de barro ou palha, adornada com flores. Convide as crianças a fazer preces espontâneas de agradecimento e de louvor por sermos livres e, ao mesmo tempo e simbolicamente, a colocá-las na vasilha. Incentive e ajude-as a formularem as preces. Quando tiverem terminado, diga em alta voz:

Santo, Santo, Santo é o Senhor Deus do universo, hosana nas alturas!

Senhor, assim como o incenso, suba até vós o agradecimento da... (*cada criança diz o nome*), porque nos fizestes livres. Aleluia! Amém!

TEMA

Explique o significado da palavra êxodo. Como citado na Bíblia, tem sentido de sair em busca de melhores condições de vida; libertar-se de algo que nos oprime, nos humilha, nos anula.

Leitura bíblica: Dt 26,5-9 – *Libertação do Egito.*

Aprofunde a síntese que esses versículos apresentam a partir dos capítulos de Ex 3; 5; 12 e 14.

Contextualize a opressão do faraó. Deus escuta o clamor do seu povo (Ex 3,7-10) e chama Moisés para libertar o povo. É importante ressaltar a missão de Moisés.

Esclareça o sentido da Páscoa antiga e destaque que Jesus tinha costume de celebrá-la.

Motive as crianças a fazer uma análise do contexto atual da sociedade. Cite o nome de grandes líderes que se preocupam com o sofrimento do povo e explore a mensagem central: libertação.

PARA PENSAR

Moisés não foi omisso, mas sensível ao sofrimento do seu povo, a ponto de não hesitar em tentar libertá-lo da escravidão, do sofrimento e do poder opressor. Ele enfrenta o faraó. Acontecem as maravilhas de Deus para os hebreus e as pragas para os egípcios. Mas há sempre a recomendação do Senhor: "Deixa meu povo partir para me prestar culto no deserto" (Ex 7,16).

No tempo de Moisés, já havia o costume de celebrar a Páscoa por ocasião da primavera. Acontecia a imolação dos cordeiros e dava-se a oferenda das primeiras espigas de trigo, por isso se assava o pão.[1]

Naquela noite memorável, o sangue do cordeiro imolado preservou os primogênitos hebreus do Anjo irado (Ex 12,1-14.21-36).

---

[1] Sobre este ponto, recomenda-se a seguinte leitura: *Catecismo da Igreja Católica,* n. 1334.

O pão foi assado sem fermento, chamado ázimo, e consumido às pressas durante a fuga do Egito. A saída dos hebreus do Egito culminou na passagem do mar, quando eles se viram perseguidos e o mar se abriu. Com isso, o atravessaram a pé enxuto. Assim, o povo de Israel tomou consciência de que o Senhor o salvou com braço forte e mão estendida e que, sem sua ajuda, jamais teria conseguido libertar-se da escravidão.

"Aquela foi uma noite de vigília para o Senhor, quando os fez sair da terra do Egito. Essa mesma noite do Senhor deve ser observada por todos os israelitas, por todas as gerações" (Ex 12,42). "Toda a comunidade de Israel celebrará a Páscoa" (Ex 12,47).

Até hoje, a *pêssah* é a principal festa dos judeus, pois marca seu nascimento como povo livre. É uma data tão importante que todo judeu revive a saída do Egito como se ele mesmo tivesse sido libertado. Jesus celebrará essa Páscoa e lhe dará um sentido próprio a partir de sua morte na cruz.

PARA VIVENCIAR

De preferência em área aberta, convide os catequizandos a correr ou andar de braços abertos para se sentirem livres, respirando o ar puro. A Páscoa nos convida a fugir da escravidão do faraó e lutar pela liberdade; isto é, passar da morte para a vida, da escravidão para a terra prometida. Nos dias de hoje, contra quais escravidões devemos lutar?

PARA CELEBRAR

Peça que os catequizandos formem duplas e deem-se as mãos.

Catequista: O ritual ordenado da Páscoa judaica termina com as seguintes palavras: "Hoje, aqui, escravos; no ano próximo, em Jerusalém, livres".

Dupla 1: Senhor, Pai santo, criador do mundo e fonte da vida.

Catequista: Hoje, aqui, escravos; no ano próximo, em Jerusalém, livres.

Dupla 2: Vós nunca abandonais a obra da vossa sabedoria, agindo sempre no meio de nós.

Catequista: Hoje, aqui, escravos; no ano próximo, em Jerusalém, livres.

Dupla 3: Com vosso braço poderoso, guiastes pelo deserto vosso povo de Israel.

Catequista: Hoje, aqui, escravos; no ano próximo, em Jerusalém, livres.

Dupla 4: Hoje, com a luz e a força do Espírito Santo, acompanhais sempre a vossa Igreja, peregrina neste mundo pelos caminhos da história até a felicidade perfeita em vosso Reino.

Catequista: Hoje, aqui, escravos; no ano próximo, em Jerusalém, livres.

Dupla 5: Vós sois santo e digno de louvor, ó Deus, que amais os seres humanos e sempre os assistis no caminho da vida.

Catequista: Hoje, aqui, escravos; no ano próximo, em Jerusalém, livres.

Salmo 18

Meninos: Eu te amo, Senhor, minha força, meu salvador, tu me salvaste da violência. O Senhor é minha rocha e minha fortaleza, meu libertador, é meu Deus.

Meninas: Nele me abrigo, meu rochedo, meu escudo e minha força salvadora, minha cidade forte.

Todos: Seja louvado! Eu invoquei ao Senhor e fui salvo dos meus inimigos.

13º encontro

Aliança: mandamentos

PREPARANDO O AMBIENTE

Providencie o canto: *Amar como Jesus amou*, de pe. Zezinho. Essa canção pode ser ouvida em Paulinas/Comep, no aplicativo digital de música de sua preferência.

ORAÇÃO

Elabore uma melodia para essa dinâmica:

Põe a mão na boca, na cabeça, na orelha, no dedão do pé, dê uma voltinha, três pulinhos e dá um empurrão no seu vizinho.

Põe a mão na boca, na cabeça, na orelha, no dedão do pé, dê uma voltinha, três pulinhos e faz uma careta pro seu vizinho.

Põe a mão na boca, na cabeça, na orelha, no dedão do pé, dê uma voltinha, três pulinhos e jogue um beijo pro seu vizinho.

Põe a mão na boca, na cabeça, na orelha, no dedão do pé, dê uma voltinha, três pulinhos e aperte a mão do seu vizinho.

Cruzam-se as mãos na frente e juntos rezam a Oração do Anjo da Guarda.

TEMA

Leitura bíblica: Ex 20,2-17 – *Os dez mandamentos.*

Esta passagem nos reporta aos mandamentos que Deus manifestou no Monte Sinai. Antes, duas observações:

1) não são dez, mas *nove* os mandamentos de Deus, porquanto, no texto original, o "Não cobiçarás a mulher do próximo" (o nosso nono) e o "Não cobiçarás as coisas alheias, nem o escravo, nem a escrava, nem o boi etc." (o nosso décimo) constituem um só mandamento, sob a perspectiva da eliminação de toda espécie da cobiça desvairada.

2) o modo de se expressar entre os antigos semitas não se assemelha ao nosso, que é consequencial: nós propomos uma ideia, à qual se segue outra ideia, encadeia-se mais uma ideia e assim por diante. Já o autor sagrado lança uma ideia básica, central e abrangente, no centro de seu discurso e, a seguir, em investidas intelectuais concêntricas, ele retoca, refina, aperfeiçoa o seu pensamento e a sua mensagem.

Os nove mandamentos, que são um código de profunda sabedoria, balizam o caminho do reto agir e orientam para a liberdade e a felicidade dos seres humanos. Os mandamentos instituem um relacionamento correto com Deus e com os irmãos; demonstram ainda ao ser humano, em perfeita liberdade, um agradecido reconhecimento ao seu Criador e Senhor.

Aprofunde o tema com a leitura de Êxodo 19 e 20, do *Catecismo da Igreja Católica*, nn. 2052-2550, em que cada um dos dez mandamentos vem explicado com riqueza.

Inicialmente, pergunte o que entenderam da leitura proclamada. Providencie duas cartolinas. Em uma delas, escreva "Terra sem males"; na outra, "Terra dos males". Ao refletir com os catequizandos sobre os mandamentos, convide-os a escrever em cada cartolina uma frase, como, por exemplo: "Amamos a Deus sobre todas as coisas" (as pessoas amam bens materiais: carros, roupas.); "O nome de Deus é Santo" (falamos mentiras em nome de Deus.).

PARA PENSAR

O povo de Deus, como todos os povos, também teve uma lei para regulamentar o grupo. Essa lei é chamada "Os dez mandamentos – lei de Deus". "Compreende-se o Decálogo (os dez mandamentos) à luz da Aliança, na qual Deus se revela, fazendo conhecer a sua vontade. Ao observar os mandamentos, o povo exprime a própria pertença a Deus e responde com gratidão à iniciativa de amor dele."[1]

Deus renovou o pacto de amizade, a aliança com seu povo, e, no Monte Sinai, entregou a Moisés, que era o líder do povo, as tábuas contendo os mandamentos. Essa lei indica o caminho seguro e feliz para viver bem e em paz com Deus, com o próximo, com a natureza e consigo mesmo.

Ao apresentar os mandamentos, traça, para cada um de nós, em particular, o caminho de uma vida livre da escravidão do pecado. Os mandamentos não podem ser compreendidos apenas como proibição, mas sim como projeto de uma vida saudável e frutuosa.

Os três primeiros falam do nosso encontro, da nossa relação com Deus:

1. *Amar a Deus sobre todas as coisas.*

(Somente Deus deve ser adorado e ocupar o primeiro lugar na nossa vida. Ele é o Criador. Só Deus é absoluto, tudo o mais é relativo.)

---

[1] *Compêndio do Catecismo da Igreja Católica.* São Paulo: Loyola, 2005. n. 437.

2. *Não tomar seu Santo nome em vão.*

(O nome de Deus é santo, não deve ser pronunciado à toa.)

3. *Guardar domingos e festas de guarda.*

(Participar das missas para comunhão com Deus e os irmãos. Deus está sempre à nossa espera.)

Nos sete restantes, Deus nos ensina como viver em paz e em fraternidade.

4. *Honrar pai e mãe.*

(Aos filhos, que são fruto do amor, cabe o dever do acatamento, do respeito, da ajuda, da colaboração, da assistência, principalmente aos progenitores em idade avançada.)

Notemos que este é o único mandamento que, observado devidamente, obtém a promessa e o prêmio de uma vida longa, numa terra abençoada.

5. *Não matar.*

Os mandamentos têm o seu eixo principal, colocado no quinto mandamento. Em seu sentido mais amplo implica: "Não, portanto, ao aborto, aos assassinatos, aos homicídios, aos genocídios, aos ferimentos, aos vícios que estragam a saúde (drogas, fumo); não às bebidas excessivas, não às comilanças; não às drogas de todo tipo. No sentido positivo, o quinto mandamento nos empurra para promover, preservar e incentivar a vida".

(Respeitar a vida, dom gratuito de Deus. Devemos também ter cuidado para não "matar" com palavras, atitudes e omissões.)

6. *Não pecar contra a castidade.*

(O respeito pelo próprio corpo e pelo do próximo nas relações de amizade, namoro e casamento faz o amor crescer e tornar-se verdadeiro.)

7. Não furtar.

Não às fraudes, não às propinas, não às falcatruas de nossos vereadores, deputados e senadores; não aos salários injustos dos patrões exploradores; não aos sequestros, não aos oligopólios das grandes firmas e fábricas, que dominam e exploram o comércio. O trabalho deve expressar e dinamizar as energias produtoras da pessoa, a qual não se deve negar a justa remuneração.

(Leia a regra de ouro – Mt 7,12.)

8. Não levantar falso testemunho.

(Não fale mentira, não levante calúnia, mas procure ajudar o próximo – Leia Lc 17,3-4; 19,1-10; 10,25-28.)

9. Não desejar a mulher (nem o homem) do próximo.

(Respeitar o casamento, a família é o porto seguro do ser humano. Leia Lc 16,18.)

10. Não cobiçar as coisas alheias.

(Admire o que é do próximo e aceite o que você tem.)

PARA VIVENCIAR

Separe a turma em duplas ou trios, conforme o número de catequizandos, e conceda uns dez minutos para discutirem sobre um fato atual que não esteja em consonância com um dos mandamentos.

PARA CELEBRAR

Salmo 32(33) – Ele falou e tudo se fez

[1] Exultai, justos, no Senhor, que merece o louvor dos que são bons.
[2] Louvai o Senhor com a cítara, com a harpa de dez cordas cantai-lhe.
[3] Cantai-lhe um cântico novo, tocai a cítara com arte, bradai.
[4] Pois sincera é a palavra do Senhor e fiel toda a sua obra.
[5] Ele ama o direito e a justiça, da sua bondade a terra está cheia.
[6] Pela palavra do Senhor foram feitos os céus, pelo sopro de sua boca tudo quanto os enfeita.
[7] Como num dique recolheu as águas do mar, encerrou em comportas os oceanos.
[8] Que toda a terra tema o Senhor, tremam diante dele todos os habitantes do mundo,
[9] pois ele falou e tudo se fez, ordenou e tudo começou a existir.
[10] O Senhor anula os desígnios das nações, frustra os projetos dos povos.
[11] Mas o plano do Senhor é estável para sempre, os pensamentos do seu coração por todas as gerações.
[12] Feliz a nação cujo Deus é o Senhor, o povo que escolheu para si como herança.
[13] Do céu o Senhor está olhando, ele vê a humanidade inteira.
[14] Do lugar onde mora observa todos os habitantes da terra.
[15] Foi ele que lhes formou o coração, ele compreende tudo o que fazem.
[16] O rei não se salva por um forte exército nem o herói por seu grande vigor.
[17] O cavalo não ajuda a vencer, com toda a sua força não poderá salvar.
[18] O olhar do Senhor vigia sobre quem o teme, sobre quem espera na sua graça,
[19] para livrá-lo da morte e nutri-lo no tempo da fome.

[20] *Nossa alma espera pelo Senhor, é ele o nosso auxílio e o nosso escudo.*
[21] *Nele se alegra o nosso coração e confiamos no seu santo nome.*
[22] *Senhor, esteja sobre nós a tua graça, do modo como em ti esperamos.*

14º encontro

Deus preparou o povo para receber o Salvador

PREPARANDO O AMBIENTE

Prepare um dominó de isopor ou de papel-cartão com os dez mandamentos, mais duas peças, cada uma com o nome de Moisés e Deus, totalizando doze peças. Deixe-o montado no centro da sala. Solicite que cada criança escolha uma peça. Dois ou mais participantes podem fazer opção pela mesma peça. As que restarem ficam com a catequista, que também deve participar da dinâmica.

Solicite que as crianças comentem a razão da escolha feita e se o respectivo mandamento é cumprido pelas pessoas. A que pegou o nome Moisés, além de expor a razão de sua escolha, deve responder se ela quer ser líder. A que tirou o nome Deus também deve deixar claro o motivo de sua escolha e dizer se ela quer estar sempre no meio do seu povo, amar e ajudar as pessoas.

ORAÇÃO

Após a reflexão, reze o Pai-nosso para que sejamos fiéis à aliança que Deus fez conosco.

TEMA

Leitura bíblica: Is 7,14-17 – *Eis que a Virgem conceberá.*

Sobressai um sinal escolhido por Deus: uma mulher grávida. A gravidez tem o significado de esperança, de fecundidade, de abertura ao futuro promissor, garantido para quem confia em Deus; futuro evocado pela mulher, que gera em seu ventre uma nova vida.

Costumeiramente esperamos por sinais retumbantes; entretanto, Deus nos surpreende com algo muito simples. É a experiência da fecundidade. O contrário é a esterilidade, a qual, de acordo com a mentalidade dos israelitas, marginalizava a mulher como inútil e improdutiva. A imagem da mulher grávida vai além do aspecto biológico e nos evidencia uma clara verdade: todos nós podemos ser fecundos ao tomarmos atitudes de acolhida, de proteção e de alimentação e defesa da vida.

A leitura recomendada para aprofundamento do tema é do livro do profeta Isaías, em especial os capítulos 6 a 12 e 62, além de o profeta Zacarias, capítulo 9. É importante mostrar como o povo de Deus se organizou: quem eram os profetas, por que eles incomodavam os reis, por que defendiam o povo. Hoje, também podemos ser profetas? Os profetas anunciam a chegada do Messias. Forme grupos de no máximo três crianças e peça que elaborem um desenho que ilustre este encontro.

PARA PENSAR

Conduzido por Moisés, o povo de Deus cresceu muito e, ao longo da caminhada, muitos fatos aconteceram, inclusive a morte de Moisés. Na terra de Canaã, sob a liderança de Josué, iniciou-se um novo período, distante do sistema opressor do Egito.

Os hebreus concretizaram o sonho de Deus: um povo de pessoas livres, vivendo a liberdade sob a orientação de Josué e dos juízes que resolviam as contendas domésticas. Este período ficará para sempre como modelo de organização política, socio-econômica e religiosa de Israel como povo livre.

Passado algum tempo (por volta do ano 1025 a.C.), esse sistema de igualdade tornara-se frágil. O povo hebreu deixou de ser unido e começou a imitar os outros povos, elegendo um rei para governá-los. O primeiro rei constituído foi Saul e, em seguida, Davi.

O sistema de monarquia concentra o poder em uma única pessoa (rei ou rainha). Dessa forma, a opressão voltou. Como o rei Salomão foi incapaz de tornar Israel um reino unido, este foi dividido em Reino do Sul (Judá) e Reino do Norte (Israel).

Nesses períodos de grandes conflitos e de luta pela terra, pois, como hoje em dia, terra é sinônimo de poder, o povo voltou a ser explorado e oprimido pelos poderosos. Em decorrência da aproximação dos povos vizinhos, sobreveio a idolatria. Nessa época de tumulto, surgem os *profetas*. Em hebraico, profeta significa *nabi*, homem de Deus, aquele que fala em nome de Deus.

Os profetas, pessoas portadoras de esperança, conhecem a lei de Deus e vivem segundo ela, ou seja, analisam a realidade à sua luz. Comprometem-se com a justiça, são corajosos, vivem no meio do povo e, acima de tudo, experienciam Deus, por isso tornam-se porta-vozes dele. A aliança com Deus defende o povo, gera a vida.

Eles ensinam ao povo a fidelidade à aliança e denunciam aquilo que a contradiz. Por isso as palavras proféticas estão atre-ladas ao contexto social e às conjunturas econômica, política e cultural, para defender o povo dos interesses corruptos de muitos dos seus dirigentes.

Na Bíblia, há os livros chamados *proféticos*: Isaías, Jeremias, Daniel, Amós, Oseias, Ezequiel, Habacuc, Malaquias, Sofonias, Zacarias, Ageu, Baruc, Abdias, Joel, Miqueias, Naum, Esdras e Neemias; além de dois grandes profetas citados no Primeiro e Segundo Livros dos Reis: Elias e Eliseu.

Nos dias de hoje, nós também podemos ser profetas. Basta viver de acordo com a vontade de Deus: ser justo, não omisso; fraterno; amar o próximo; não fazer maldade; defender sempre a verdade e a justiça; além de, acima de tudo, não romper a aliança com Deus.

Em meio a tantos sofrimentos pelos erros cometidos, *Isaías foi um profeta que dava esperança para o povo, anunciando a vinda do Messias, o Salvador.* Foi através dos profetas que Deus preparou o povo para receber Jesus, o filho de Deus, que viria para salvar a humanidade. João Batista, filho de Izabel e do sacerdote Zacarias, foi o último profeta a anunciar a vinda do Messias.

A chegada do Messias teve alcance universal, tanto que a liturgia antiga de Igreja assim cantava: "Alegres pelo nascimento de Cristo, as montanhas e as colinas se inclinam e os elementos do mundo, num indizível gozo, executam neste dia uma melodia sublime".

PARA VIVENCIAR

Plenário – disponha os desenhos na sala e peça que um grupo analise o desenho do outro. Motive as crianças a falar e observe o destaque dado ao desenho do Messias que virá para salvar o povo. Note as cores. Todos os detalhes são fundamentais para a análise da compreensão que a criança teve. O desenho servirá de avaliação para o catequista. Se for necessário, retome o encontro, pois é importante que a criança entenda Jesus como a revelação plena de Deus.

PARA CELEBRAR

Distribua para cada criança um guardanapo de papel branco. Se possível, cante alegremente com as crianças o Salmo 23 – *Bom Pastor,* acenando com os guardanapos.

Leitura orante – Vocação de Isaías

15º encontro

PREPARANDO O AMBIENTE

Encenar ou brincar com as crianças evidenciando três situações: a) alguém chama o colega e este finge não escutar; b) alguém chama o colega e lhe pede um favor, e ele atende o chamado e faz o que o outro pediu; c) alguém chama o colega e lhe pede também um favor, e ele atende o chamado, mas acaba dando-lhe as costas e não fazendo o que lhe foi pedido.

(Seguir os passos da leitura orante, conforme a explicação da introdução).

INVOCAÇÃO DO ESPÍRITO SANTO

Cantar: "A nós descei, Divina Luz!"

A nós descei, Divina Luz!
Em nossas almas acendei
O amor, o amor de Jesus! (bis)

Vinde, Santo Espírito,
E do céu mandai
Luminoso raio! (bis)
Vinde, Pai dos pobres,
Doador dos dons,
Luz dos corações! (bis)

LEITURA

Proclamar: Is 6,1-8 – *A vocação de Isaías.*

O profeta Isaías, um grande profeta do Antigo Testamento, por volta do século VIII a. C., mais ou menos pelo ano 740 a. C., recebe um chamado especial, o de ser porta-voz do Deus Altíssimo. Reconhece sua pequenez e indignidade perante a tarefa para a qual foi chamado, mas, purificado e robustecido pela força vinda do alto, cumpre prontamente sua missão. Normalmente na Bíblia toda pessoa chamada por Deus se sente incapacitada para cumprir a missão que o Senhor lhe destina. Lembremo-nos de Moisés, que, quando foi chamado para libertar o povo, se queixou que não sabia falar. Mais uma vez fica claro que o chamado vem do alto e Aquele que chama se responsabiliza e capacita a pessoa para a missão que deverá cumprir.

Ao tratar da manifestação de Deus em nossa vida, tenhamos presente que o verbo *vocare* em latim significa: chamar. E sempre está em jogo, de um lado, o chamado de Deus que confia uma missão à pessoa e lhe confere os dons necessários. E do outro lado, a resposta de quem o escuta, que só pode ser um sim ou um não.

ISAÍAS FAZ A EXPERIÊNCIA DE DEUS

No Templo imponente de Jerusalém, o profeta presencia a glória de Deus, assentado em seu trono magnífico; vê também os serafins, anjos ornados de seis asas, flamejantes de esplendor (o nome significa isso), que fazem guarda ao trono do Altíssimo e que proclamam em alta voz: "Santo, Santo, Santo é o Senhor Deus dos exércitos" (v. 3). Repentinamente o próprio Templo se enche de branca fumaça, sinal da presença de Deus. Ao constatar isso, Isaías fica como que aterrorizado, pois era crença entre os judeus que o homem que visse a Deus morreria imediatamente. Ademais, perante a inesperada manifestação do Altíssimo, o profeta apercebe-se como um homem visceralmente pecador, que tem os lábios impuros e é solidário com um povo de lábios impuros. Contudo, Deus vem em socorro da indignidade humana e envia um dos serafins, que, com uma brasa, tirada com uma pinça do altar, toca e roça os lábios de Isaías, proferindo as seguintes palavras: "Agora que isto tocou os teus lábios, tua culpa está sendo tirada, teu pecado, perdoado" (v. 7). A seguir, a voz de Deus ecoou, dizendo: "A quem enviarei? Quem será o meu mensageiro?" (v. 8). Aí, Isaías, pondo-se em plena disponibilidade, respondeu: "Aqui estou! Envia-me" (v. 8).

Deus, envolto numa aura de majestade, aparece, chama, limpa radicalmente o vocacionado, que, livre e espontaneamente, se torna porta-voz do Altíssimo.

MEDITAÇÃO

1) O profeta Isaías se sentiu transportado ao magnífico Templo de Jerusalém e ali percebeu a manifestação da glória de Deus. Em quais situações de nossa vida, ou em que acontecimentos ou lugares, podemos também sentir a presença de Deus hoje?

2) Isaías se sentiu pecador e com lábios impuros diante de Deus. Mesmo assim, ele ouviu a voz do Senhor. O Senhor também chama a nós? Que fazer para ouvir a sua voz? Para que ele nos chama?

3) Isaías foi generoso e respondeu bravamente: "Aqui estou! Envia-me". Também sou corajoso para responder desta maneira ao chamado do Senhor?

ORAÇÃO

Ó Senhor, vós nos chamais porque nos conheceis e quereis o nosso bem.

Senhor, vós sabeis o meu nome e minha vontade de ajudar as pessoas.

Quero estar sempre pronto para responder sim ao seu chamado, mesmo que ele me mostre uma coisa difícil para fazer. Vou me esforçar ao máximo.

Prometo-vos colaborar em casa, fazer amizade com todos os colegas e nunca esquecer que vós me amais.

CONTEMPLAÇÃO

O Senhor continuamente nos dirige a sua Palavra. Deus gosta de dialogar conosco. Porém, escutar o outro é mais difícil do que querer sempre falar.

Vou cultivar dentro de mim esta atitude: "Quero ouvir o que o Senhor irá me falar!". Para isso, vou estar só na companhia dele. Preciso desenvolver a atitude de ouvi-lo. Que devo fazer para conseguir isto?

Comece fazendo silêncio só por alguns minutos, às vezes ajoelhado na igreja ou, então, sozinho no seu quarto em atitude de oração... seja corajoso, depois vá aumentando cada vez mais o tempo de silêncio.

ENCERRAMENTO

Faça uma oração de agradecimento, recordando os nomes das pessoas que se sentem chamadas pelo Senhor para exercer uma missão própria na comunidade. Bendiga a Deus por elas existirem em nosso caminho e espalharem o perfume da caridade.

16º encontro

Liturgia da Palavra: "Éfeta"

PREPARANDO O AMBIENTE

Este encontro deve ser realizado em um local silencioso, que propicie a concentração dos catequizandos, de preferência na nave da igreja ou ao redor do ambão. Acomode as crianças sentadas confortavelmente e providencie o texto com a Palavra de Deus para ser meditada. É importante que o local tenha vasos com folhagem, pois intensifica o objetivo de associar a Palavra criadora à vida.

ORAÇÃO

Canta-se um mantra ou refrão sobre a Palavra, repetindo--se algumas vezes. Guardando um espaço de tempo entre uma e outra proclamação, leem-se os versículos de Is 55,10-11; Lc 4,20-22a; Hb 4,12-13. Em seguida, repete-se o mantra ou refrão.

Isaías focaliza uma característica decisiva da Palavra de Deus: a sua eficácia, a sua força transformadora, fazendo explodir a vida. Essas afirmações eram muito mais significativas para os trabalhadores acostumados a lidar e lutar com o deserto, conhecedores da aridez das estepes, para os quais a chuva era sinônimo de vida. Até nas áreas mais esturricadas do sul da Palestina, ao haver um "toró" abundante, brotam, a seguir, flores com as cores mais variadas e marcantes; assim como acontece no sertão das caatingas do Brasil.

Disto se aclara a verdade de que, onde cai a Palavra de Deus, aí germina e desabrocha a vida; ela não escorre em vão, até no terreno mais refratário da história humana. À confirmação disso, a Carta aos Hebreus diz: "A Palavra de Deus é viva, eficaz e mais penetrante do que qualquer espada de dois gumes... Não existe criatura que possa esconder-se de Deus; tudo fica nu e descoberto aos olhos dele" (Hb 4,12-13). Em síntese: como a chuva penetra nas fendas abertas, favorecendo a vida, assim a Palavra de Deus penetra nas dobras do coração e nos lugares íntimos, desvela os sentimentos e os pensamentos mais escondidos da pessoa, colocando-a em estado de decisão.

TEMA

Apresente o ambão ou a mesa da Palavra. Relembre os sinais que revestem a proclamação da Palavra e as atitudes de quem ouve e de quem a proclama. Depois, explique o valor da Palavra de Deus proclamada na celebração. Este encontro tem como objetivo familiarizar o catequizando com a escuta da Palavra, especialmente a que se dá na celebração eucarística.

"Um só é o ambão, pois uma só é a Palavra. Igualmente, lugar sagrado, e não deve ser usado para avisos ou outros interesses, mas apenas para as leituras e a proclamação do Evangelho e, também, a homilia (isso se o presidente não for falar de si mesmo).

O ambão é considerado "a pedra do sepulcro", pois o próprio Senhor foi e é o primeiro a testemunhar sobre si mesmo.

É o lugar do mais importante anúncio cristão: ressuscitou! Aí o diácono canta o *Exultet* na noite de Páscoa. Aí o Evangelho e a Sagrada Escritura são proclamados. Aí o salmista canta o Salmo responsorial. Aí a homilia indica-nos a Parúsia e o Juízo Final..."[1]

---

[1] NUCAP; PASTRO, Claudio. *Iniciação à liturgia*. São Paulo: Paulinas, 2012. p. 172.

Para pensar

A liturgia da Palavra e a Eucarística estão tão intimamente ligadas entre si que instituem um só ato de culto. Temos a mesa do Pão da Palavra e a do Pão Eucarístico; ambas formam uma só mesa, um só alimento com igual dignidade. O ambão está relacionado com o altar e é diferente da estante simples, em que o comentarista atua. Do ambão proclamam-se as leituras da missa lidas em um livro (nunca em folhetos), chamado lecionário, que, muitas vezes, é trazido em procissão.

Durante a celebração da Palavra, acontece a sequência das leituras – primeira leitura e salmo de resposta (Antigo Testamento), segunda leitura do Novo Testamento, canto de aclamação e proclamação do Evangelho (às vezes cantado). Ao final das leituras, dá-se a resposta "Palavra do Senhor". Após a leitura do Evangelho, diz-se "Palavra da Salvação", e o ministro beija o livro do Evangelho (nunca o folheto).

A boa postura e a preparação antecipada de quem proclama são fundamentais: concentração diante da comunidade; vestes adequadas; uso correto do microfone; boa dicção e leitura clara; modulação da voz; além de, e principalmente, ter o domínio do que está lendo. "A Palavra de Deus é um acontecimento através do qual o próprio Deus entra no mundo, age, cria, intervém na história do seu povo para orientar sua caminhada."[2]

Na sinagoga de Cafarnaum, Jesus pegou o livro de Isaías e proclamou a ação de Deus em favor dos pobres, coxos e cegos. Depois concluiu: "Hoje se cumpriu esta passagem da Escritura que acabastes de ouvir" (Lc 4,21). Com a mesma eficácia, a Palavra de Deus realiza hoje, no coração daqueles que se reúnem em assembleia e no nome do Senhor, o que ela mesma anuncia como Palavra de conversão, graça e salvação.

A Palavra não volta ao Pai sem ter cumprido a sua missão (Is 55,10-11). Durante a celebração, é o mesmo Cristo que proclama o seu Evangelho de vida e salvação e renova ali tudo

---

[2] CNBB. *Orientações para a celebração da Palavra de Deus*. São Paulo: Paulinas, 1994, n. 10. Documentos da CNBB, n. 52.

o que a Palavra anuncia como realidade de graça e salvação: os cegos veem, os coxos andam, os surdos ouvem, os pobres são evangelizados (Lc 4,18).

Ao participar da assembleia eucarística, muitos de nós nos sentimos fragilizados ante os problemas pelos quais passamos. Dessa forma, escutar a Palavra significa acolher a salvação, a libertação, obtendo esperança para continuar lutando. "A Igreja cresce e se constrói ao escutar a Palavra de Deus, e os prodígios que de muitas formas Deus realizou na história da salvação fazem-se presentes, de novo, nos sinais da celebração litúrgica, de um modo misterioso, mas real [...]. Esta Palavra de Deus, proclamada na celebração dos divinos mistérios, não só se refere às circunstâncias atuais, mas também olha para o passado e penetra o futuro, e nos faz ver quão desejáveis são as coisas que esperamos, para que, no meio das vicissitudes do mundo, nossos corações estejam firmemente postos onde está a verdadeira alegria."[3]

A Palavra de Deus nos ensina a viver da maneira que agrada a ele. Somente seus ensinamentos podem julgar nosso coração. Diante da Palavra, nós nos reconhecemos santos ou pecadores, isto é, ela revela se nossas intenções e nossos atos são bons ou maus. Sempre instiga a nossa conversão ao Reino, para que tenhamos sentimentos retos, que agradem ao Pai, e deixemos de lado os caprichos, o orgulho e as necessidades passageiras.

PARA VIVENCIAR

O fato de estarmos reunidos para acolher a Palavra de Deus requer algumas atitudes para que nos comuniquemos com os sinais que a liturgia oferece. Primeiramente, durante a celebração, devemos nos colocar com calma e em atitude de quem vai ouvir uma notícia de salvação, de esperança, porque é o próprio Cristo quem anuncia na força de seu Espírito.

---

[3] LECIONÁRIO SEMANAL. São Paulo: Paulinas/Loyola, 1995. Elenco das Leituras da Missa, n. 7.

As atitudes próprias de quem ouve, sentado ou de pé, revelam capacidade de escuta, atenção e acolhida do que Deus fala à comunidade. O movimento do corpo ocorre de acordo com o que nos sugere os animadores de canto, porém, nossa atitude interior é de concentração, atenção, escuta e adesão confiante ao Senhor. Os refrãos ou cantos são, normalmente, versículos bíblicos. "Durante as celebrações, é importante que a postura do corpo e os gestos externos correspondam à atitude interior de fé e de oração. Nosso corpo também reza. Somos unidade de corpo e alma. Expressamos nossos sentimentos com a palavra e com nossa postura. O respeito, a disponibilidade, a humildade, a proximidade, a adoração, a espera confiante e a receptividade verificam-se a partir da maneira de posicionar o corpo... A postura do corpo revela a atitude interior com que nos dispomos para acolher a Palavra."[4]

Para celebrar

Rito do "Éfeta"[5]

A celebração inicia-se de modo habitual, com o sinal da cruz e a saudação do catequista. Segue a oração:

Oremos. Pai amado e todo-poderoso, vós quereis restaurar todas as coisas em Cristo e atraís toda a humanidade para ele. Guiai estes catecúmenos e os que vão completar a iniciação e concedei que, fiéis à sua vocação, possam integrar-se e participar plenamente no reino de vosso Filho e ser assinalados com o Espírito Santo, o vosso dom. Por Cristo, nosso Senhor.

R.: Amém.

---

[4] DERETTI, E. Adolfo. *Encontros de coroinhas*; subsídios litúrgicos e vocacionais. São Paulo: Paulinas, 2006. pp. 25-26.

[5] Cf. RICA, nn. 194-202.

Depois de um canto apropriado, lê-se Mc 7,31-37.

Catequista: O Evangelho está cheio de cegos, de surdos, de mudos. Eles sofrem terrivelmente a solidão. Não conseguem se comunicar. Jesus toca nesses irmãos marginalizados e diz: "Éfata", que quer dizer: "Abre-te" (Mc 7,34). Ele continua também hoje a gritar o seu "Éfeta" a tanta gente que não enxerga, não ouve, não fala. E muitas vezes não enxerga a beleza de Deus, não ouve a Palavra de Deus, não fala a língua de Deus".[6] Vamos assinalar a boca e os ouvidos com o sinal da cruz para que sejamos bons ouvintes e anunciadores da Palavra, lembrando o gesto de Jesus que tocou o surdo-mudo.

A seguir, o **catequista**, tocando com o polegar os ouvidos e os lábios de cada catequizando, diz:

Éfeta, isto é, abre-te,
a fim de proclamares o que ouviste
para louvor e glória de Deus.

*(Em seguida, pode haver preces espontâneas do grupo, a oração do Pai-nosso, e **quem preside** dá a bênção final.)*

---

[6] MASI, Nic. *Cativados por Cristo*; catequese com adultos. São Paulo: Paulinas, 2010. p. 70.

Unidade III
O Reino de Deus está próximo

Objetivo específico da unidade: mostrar a novidade do Reino que Cristo inaugura para entender o novo modo de ser e de viver.

Contém treze encontros e a celebração de entrega do Creio e do Pai-nosso. Nesta celebração, as crianças catecúmenas (que vão receber o Batismo) também receberão o Creio.

Preveem-se *quatro encontros com os pais ou responsáveis*, que se encontram no Livro da Família.

Cumprem-se as profecias, o Salvador nasce da Virgem e sua missão é preparada por João Batista. Jesus é o Mestre, o caminho para chegarmos ao Pai. Seus ensinamentos e sua prática libertam a humanidade.

17º encontro

A Virgem esperou com amor de mãe

PREPARANDO O AMBIENTE

Receba os catequizandos com entusiasmo. Para este encontro especificamente, arrume a sala de forma que lembre uma casa aconchegante, um lar. Elabore um painel com gravuras e/ou fotos de mulheres grávidas e de várias etnias. É interessante também inserir fotos das mulheres da comunidade em atitude materna. No centro do painel, cole uma gravura de Maria. Próximo ao painel, coloque a Bíblia, vela e flores.

ORAÇÃO

Com os catequizandos, reze, pausadamente, a oração da Ave-Maria, dando ênfase à entonação da seguinte frase: "Bendita sois vós entre as mulheres". Peça que os catequizandos observem o painel e memorizem a figura que mais lhes chamou a atenção. Em seguida, cada um diz o que sentiu enquanto meditava a oração e o motivo da escolha da gravura ou foto. É um momento para que cada um exponha, espontaneamente, seus sentimentos. Preste atenção aos catequizandos cujas mães faleceram.

TEMA

Leitura bíblica: Lc 1,26-38 – *Anunciação do Anjo à Virgem Maria.*

"Estamos diante de um texto em que tudo parece acontecer ao contrário. Como imaginar que Deus poderia escolher para ser a mãe de Jesus uma jovenzinha desconhecida em uma cidade obscura com aproximadamente 150 pessoas. Este acontecimento reforça a ação da graça soberana de Deus na história humana. A gravidez de Maria é puro dom de Deus através do poder do Espírito Santo.

Maria de Nazaré é o modelo de discípula fiel e de serva que responde de todo o coração ao plano de Deus. É a primeira discípula e missionária a trilhar pelos caminhos do Reino. E a história de Maria, absolutamente, tem início com um "sim". A maior das revoluções que poderia acontecer na vida de uma pessoa e na história de toda a civilização começou com a menor das palavras. Ao dizer "sim" Maria desencadeou um projeto que impactou sua vida, mas que também atingiu a vida de cada um de nós.

Um anjo é enviado por Deus a fim de procurar por Maria numa cidade de pouquíssima importância. Ali encontra alguém que balançará os alicerces do império romano. Uma mulher que todos pensavam ser pequena, mas se tornou gigante aos olhos de Deus. Gosto de pensar que Deus nos procura nos lugares onde nos encontramos. Não importa o local e a pessoa, e sim sua disposição. Achamo-nos pequenos, pobres, infelizes, incapazes demais... enquanto Deus nos acha capacitados demais.

Na verdade, Maria está nos dizendo: não adianta querer se esconder, Deus irá nos achar. E por isso ela responde afirmativamente e segue para servir Isabel. Provavelmente, para a maioria de nós, sua atitude é incompreensível. Desejamos poder para aumentar nossos privilégios e garantir uma vida de destaque. Mas olhe seu exemplo: a maior mulher de todos os tempos possui relativamente poucos versos na Bíblia para retratá-la.

Hoje, invertemos a lógica mariana. Queremos que os outros estejam a serviço de nossos desejos pessoais. Aquele que não vive para o serviço gera em seu coração um pequeno faraó que deseja controlar a vida dos outros como se fosse a sua. Serviço pode ser uma palavra rara, mas tenha certeza de que era a palavra que mais sobressaía na vida de Maria. Ela viveu a ousadia de assumir o projeto que nasceu no coração do Pai.

O anjo Gabriel já recebeu uma nova missão... a de encontrá--lo(a)" (colaboração: Luiz Alexandre Solano Rossi).

Você pode contar o texto como uma história, desde que se prepare adequadamente. Após a leitura ou apresentação da história, peça que um ou dois dos catequizandos a recontem. A partir do que os catequizandos disserem, explore o painel para que observem os detalhes: a alegria no rosto das mulheres, o bem-estar motivado pela maternidade. Em seguida, apresente a pessoa e a missão de Maria, Mãe de Jesus. Uma mulher inteiramente disponível para o Reino, a primeira seguidora de Jesus que viveu todas as virtudes do Evangelho.

PARA PENSAR

Embora muito jovem, Maria, como tantas mulheres hoje em dia, abraçou a maternidade. Amou seu filho, concebendo-o primeiro em seu coração para, em seguida, gerá-lo no ventre. Logo que soube da gravidez, foi tamanha a alegria que correu para contar e ajudar sua prima Isabel que também iria ser mãe. Maria despoja-se para trazer ao mundo o Messias, o Salvador. Ela conhecia bem a opressão sofrida pelo povo, a dominação do Império Romano, o rigor da lei, a miséria. Sabia também da esperança de seu povo quanto à vinda do Messias.

Maria é a "serva do Senhor", como ela disse de si mesma ao ouvir o anúncio do anjo de que seria a mãe de Jesus. "Alegra-te cheia de graça" (Lc 1,28). "Eis que conceberás e darás à luz um filho..." (Lc 1,31). Naquele momento, Maria assume a sua vocação e se entrega prontamente à ação do Espírito Santo: "Faça-se em mim segundo a tua palavra" (Lc 1,38).

Maria foi fiel ao chamado de Deus e assumiu todos os riscos de sua missão. Com o sim de Maria, Deus se encarna e se torna humano. É tão grande seu amor pela humanidade que ele veio morar no meio de nós.

PARA VIVENCIAR

É fundamental que nós assumamos o sim ao Evangelho de Jesus em nossa vida. Peça que os catequizandos procurem colocar--se a serviço de seus pais, dos amigos, da família, dizendo sim para colaborar nas tarefas da casa e com os colegas.

PARA CELEBRAR

Catequista: O anjo do Senhor anunciou a Maria.

Catequizandos: E ela concebeu do Espírito Santo.

Catequista: Eis aqui a serva do Senhor.

Catequizandos: Faça-se em mim segundo a tua palavra!

Catequista: E o Verbo se fez homem.

Todos: E habitou entre nós!

Todos: Ave, Maria...

Catequista: Rogai por nós, Santa Mãe de Deus.

Todos: Para que sejamos dignos das promessas de Cristo.

OREMOS

*Infundi, Senhor, em nossas almas a vossa graça,
para que, conhecendo pela anunciação do Anjo
a encarnação de vosso Filho bem-amado,
cheguemos por sua Paixão e Cruz à glória da ressurreição.
Por Nosso Senhor Jesus Cristo, vosso Filho,
na unidade do Espírito Santo. Amém.*

18º encontro

João anunciou estar próximo o Reino

PREPARANDO O AMBIENTE

No centro da sala, disponha ilustrações de jornais ou revistas que lembrem o deserto ou que retratem a realidade de algumas regiões do Norte/Nordeste de nosso país (chão árido, rachado, vegetação própria das regiões em época de seca), além de figuras de locais que precisam da ação dos profetas de hoje. Vale ressaltar que você pode usar uma roupa que caracterize o local em questão. É importante providenciar pão e água para serem partilhados no final do encontro.

No momento da acolhida, entregue uma sandália/chinelo confeccionada com cartolina ou papel *colorset* para cada catequizando. Peça que escrevam o nome nela e observem os símbolos dispostos no meio da sala, conscientizando-se dos problemas atuais que afligem a população.

ORAÇÃO

Proclame Mc 1,1. Após a leitura pausada da citação, partilhe a Palavra e peça que eles coloquem a sandália perto das gravuras.

TEMA

Leitura bíblica: Lc 3,1-18 – *Pregação de João Batista.*

Aos que confessavam os seus pecados e eram lavados nas águas do Rio Jordão, João indicava o caminho da vida nova, em preparação ao Senhor Jesus, que estava vindo...

Ele pregava a solidariedade e a partilha: "Quem tiver duas túnicas, dê uma a quem não a tem; e quem tiver comida, faça o mesmo" (Lc 3,11). Este é o preceito maior da caridade, dirigido a quem não se fecha em si mesmo, não é egoísta, mas, sim, se torna sensível ao pobre, que estende a mão ao marginalizado, que reparte um pouco de si mesmo, acolhe sincera e espontaneamente os desvalidos.

Aos cobradores de impostos, João Batista dá uma norma sábia: "Não cobreis mais do que foi estabelecido" (Lc 3,13). Essa é uma prescrição importante para os nossos dias, principalmente para os deputados e senadores, que só pensam em rechear seus bolsos, aproveitando-se indevida e fraudulentamente de sua posição de mando.

Enfim, aos soldados, João aconselha: "Não tomeis à força o dinheiro de ninguém, nem façais falsas acusações. Ficai satisfeitos com o vosso salário" (Lc 3,14). Nada, portanto, de truculência, nada de ardilosos depoimentos contra inocentes; e sendo que os soldados que atuavam na Palestina eram romanos bem pagos, não deviam ambicionar salário maior. Cabem acertadamente essas advertências aos policiais corruptos de nossos dias e contra os advogados enganadores, engabelando e condenando pobres inocentes, enquanto os ladrões de colarinho branco são soltos, gozando de liberdade e isenção de penas.

Inicie a reflexão citando a ação dos profetas do Primeiro Testamento e de João Batista. Destaque a ação dos governantes da época e a relacione com a nossa realidade, questionando a prática de nossos governantes, que hoje também oprimem o povo com altos impostos como no tempo de João.

João continua chamando nossa atenção. É preciso anunciar o Cristo que vive em nosso meio para transformarmos a sociedade, lutando pela dignidade da pessoa humana.

PARA PENSAR

"Veio um homem, enviado por Deus; seu nome era João" (Jo 1,6). Vivia no deserto e se alimentava com mel e gafanhotos. Notoriamente, era reconhecido pelo povo como profeta e tinha um grupo de discípulos que o seguia. João é "mais do que um profeta" (Lc 7,26). Anuncia o Consolador que vem e aponta o Cordeiro que tira o pecado do mundo, por isso João é considerado o último dos profetas.

Sua missão era preparar a vinda do Messias. O Messias, homem pleno do Espírito Santo, é enviado por Deus para salvar a humanidade: "Aquele que vem depois de mim é mais forte do que eu. Não sou digno nem ao menos de tirar-lhe as sandálias" (Mt 3,11). "João vem como testemunha, para dar testemunho da Luz" (Jo 1,7). A chegada do Messias significava a manifestação do Reino de Deus, a presença e atuação definitivas de Deus com seu povo.

As palavras de João eram precisas e fortes. Mas era necessário assumir uma nova vida e novas atitudes. Às margens do rio Jordão, pregava um Batismo de penitência, de arrependimento. A todos que o procuravam, batizava e anunciava a vinda daquele que o povo esperava para acabar com todas as ações opressoras. Mas, para recebê-lo, como também a sua mensagem, era necessário realizar a conversão, mudança de vida. "Convertei-vos, pois, o Reino dos Céus está próximo" (Mt 3,1-2).

João conhecia a realidade de seu povo, pois cresceu vendo a injustiça que o oprimia. Dessa forma, lutou contra a hipocrisia e a falsidade e ensinou a partilha e a fraternidade.

PARA VIVENCIAR

Peça que, durante a semana, os catequizandos procurem fazer como João Batista: preparar a vinda de Jesus. Na catequese, nós nos preparamos para entrar em plena comunhão com Jesus. João assumiu a sua missão. Em oração, vamos perguntar a Deus qual a missão que ele nos dá!

Para celebrar

O catequista deve motivar os catequizandos, enfatizando a grandeza de Deus. Deus de bondade, de misericórdia e de amor. Em seguida, proclame o *Cântico de Zacarias* (Lc 1,68-79). Pode-se alternar a leitura dos versículos entre meninos e meninas.

Bendito seja o Senhor Deus de Israel,
Que a seu povo visitou e libertou;
E fez surgir um poderoso Salvador
Na casa de Davi, seu servidor.

Como falara pela boca de seus santos,
Os profetas desde os tempos mais antigos,
Para salvar-nos do poder dos inimigos
E da mão de todos quantos nos odeiam.

Assim mostrou misericórdia a nossos pais,
Recordando a sua santa Aliança
E o juramento a Abraão, o nosso pai,
De conceder-nos que, libertos do inimigo,
A ele nós sirvamos sem temor
Em santidade e justiça diante dele
Enquanto perdurarem nossos dias.

Serás profeta do Altíssimo, ó menino,
Pois irás andando à frente do Senhor
Para aplainar e preparar os seus caminhos,
Anunciando ao seu povo a salvação,
Que está na remissão de seus pecados.

Pelo amor do coração de nosso Deus,
Sol nascente que nos veio visitar
Lá do alto como luz resplandecente
A iluminar a quantos jazem entre as trevas
E na sombra da morte estão sentados
E no caminho da paz guiar nossos passos.

19º encontro

Nasceu o Salvador

PREPARANDO O AMBIENTE

Coloque uma mesa no centro da sala. Sobre ela, monte um pequeno presépio e acrescente uma vela grande. Coloque música ambiente.

ORAÇÃO

Cante o refrão: "Ó luz do Senhor que vem sobre a terra, inunda meu ser, permanece em nós". Enquanto isso, acenda a vela grande do presépio. Em seguida, proponha a realização de preces espontâneas para agradecer e também fazer pedidos. Conclui-se com o Pai-nosso.

TEMA

Leitura bíblica: Lc 2,1-20 – O *nascimento de Jesus*.

Presenciamos o mistério do Emanuel, que quer dizer: o Deus-conosco, o Deus que se tornou nosso irmão, o Deus que não ficou na casca da humanidade, mas mergulhou em nossa realidade com as suas fragilidades, exceto o pecado. Sim, o Deus Transcendente se apequenou, rebaixou-se. E tudo isso aconteceu porque Deus, movido por imenso amor, quis sorrir-nos no rosto de uma criança e entrar em estreita comunhão conosco. Deus outrora nos tinha falado por intermédio dos Profetas; agora em Belém falou-nos em seu Filho Jesus; em nosso favor, foi armada uma ponte direta entre Deus e a humanidade: o Verbo Eterno, a Palavra Eterna se fez carne no meio de nós e iniciou a sua difusão de mensagens de vida.

Do Natal de Jesus, portanto, fluem ensinamentos de amor divino que nos envolvem e os fluidos da fraternidade, partilha e intensa solidariedade entre nós. Na verdade, como diz o Apóstolo Paulo na Carta a Tito 3,4: "Mas quando se manifestou a bondade de Deus, nosso Salvador, e o seu amor pela humanidade, ele nos salvou". Assim, não podemos ser inimigos, ficar uns contra outros, mas devemos nos enveredar por caminhos de compreensão, de mútua ajuda e respeito.

Após a leitura pausada, partilhe a Palavra com os catequizandos, pedindo que digam o versículo que mais lhes chamou atenção. Em seguida, solicite que repitam a seguinte frase para guardar no coração: "Glória a Deus no mais alto dos céus, e na terra, paz aos que são do seu agrado" (Lc 2,14).

Jesus é o Messias esperado, porém seu messianismo é diferente. Ele é a luz que guia os povos e gera a esperança do povo.

PARA PENSAR

"O povo que andava na escuridão viu uma grande luz" (Is 9,1). Com essa profecia, Isaías alimenta a esperança do povo quanto à vinda do Messias tão esperado.

Maria, prometida em casamento a José, acolhe o anúncio do Anjo Gabriel, que a convida, por parte de Deus, para ser a mãe do Salvador. Receosa de acolher essa grande missão, ela lhe pergunta: "Como vai ser isso, se eu não conheço homem algum?" (Lc 1,34). O Anjo a acalma: "O Espírito Santo virá sobre ti, e o poder do Altíssimo vai te cobrir com a sua sombra; por isso o santo que nascer será chamado Filho de Deus" (v. 35). Dessa forma, Jesus nasce sem intervenção de nenhum homem. O Espírito

Santo gera Jesus em Maria, por isso ele tem duas naturezas: a humana e a divina. É plenamente homem e Deus.

Naquela época, o povo de Israel vivia a expectativa da vinda do Messias. Um Messias forte e poderoso, capaz de livrá-lo dos romanos e de outros povos que dominaram a Palestina, gerando pobreza e miséria. O nascimento de Jesus cumpriu essa profecia, mas ele não veio como um Messias poderoso e cheio de fama. Ele inaugurou um Reino que ultrapassou os poderios deste mundo, estabelecendo uma nova forma de as pessoas se relacionarem. "Jesus nasceu na humildade de um estábulo, em uma família pobre, as primeiras testemunhas são simples pastores. É nesta pobreza que se manifesta a Glória do Céu (CIC 525)."

Assim, Deus demonstra que continua do lado do povo sofrido. Ele não o abandona, e, sim, institui a nova e eterna aliança. Deus assume a natureza humana, torna-se pobre com os pobres.

São João apresenta Cristo como a luz de Deus que vem ao mundo e que ilumina todo ser humano. Assim, Jesus diz de si mesmo: "Eu sou a luz do mundo. Quem me segue não andará nas trevas, mas possuirá a luz da vida" (Jo 8,12).

A liturgia da noite de Natal se apresenta como uma ocasião na qual Deus faz *resplandecer a claridade da verdadeira luz*, e assim as comunidades do mundo inteiro podem proclamar: "No mistério da encarnação do teu Filho, nova luz de tua glória brilhou para nós" (primeiro prefácio da festa).

PARA VIVENCIAR

Como compromisso da semana, peça que os catequizandos conversem com os pais sobre a época do nascimento deles: um fato significativo daquele ano, os governantes do período, as dificuldades pelas quais a população passava, e que também procurem saber quem eram os "profetas" daquele tempo.

Peça também que leiam, se possível com os pais, a mesma Palavra refletida no encontro (Lc 2,1-20). Conclui-se que a realidade atual pode ser diferente, mas o contexto é o mesmo. É preciso que Jesus continue "nascendo" todos os dias, despertando a esperança para o povo sofrido e humilhado de nosso tempo.

PARA CELEBRAR

Jesus, luz do mundo, é festejado principalmente na Páscoa e no Natal. Um dos participantes acende a vela no círio e distribui a luz para todos, enquanto se canta um refrão. Quando todos estiverem com a vela acesa, recita-se o Glória:

Glória a Deus nas alturas e paz na terra aos homens por ele amados.

Senhor Deus, rei dos céus, Deus Pai todo-poderoso:
nós vos louvamos, nós vos bendizemos, nós vos adoramos,
nós vos glorificamos, nós vos damos graças por vossa imensa glória.

Senhor Jesus Cristo, Filho Unigênito, Senhor Deus,
Cordeiro de Deus, Filho de Deus Pai.

Vós que tirais o pecado do mundo, tende piedade de nós.

Vós que tirais o pecado do mundo, acolhei a nossa súplica.

Vós que estais à direita do Pai, tende piedade de nós.

Só vós sois o Santo, só vós, o Senhor, só vós, o Altíssimo,
Jesus Cristo,
com o Espírito Santo, na glória de Deus Pai. Amém.

Neste momento, abre-se espaço para a realização de preces espontâneas, lembrando especialmente os pobres da comunidade e do mundo. Em seguida, peça que repitam bem devagar: "Hoje, na cidade (*dizer o nome da cidade em que moram*) nasceu para vós o Salvador, que é o Cristo Senhor".

Você, catequista, conclui com uma bênção final espontânea, acrescentando a seguinte recomendação: "Por este nascimento nos veio a luz. Que possamos manter essa luz acesa através do nosso testemunho".

Observação: peça que os catequizandos tragam, para o próximo encontro, fotos ou objetos do dia de seu batizado.

PARA CELEBRAR O NATAL

O ciclo do Natal inicia-se com a celebração do primeiro domingo do Advento, engloba as festas do Natal e da Epifania (quer dizer, revelação), estendendo-se até a festa do Batismo do Senhor. Durante esse período, somos convidados a reviver a manifestação de Deus em nossa humanidade, acolher sua irrupção em nosso cotidiano e renovar a esperança de sua vinda em nosso meio.

Num mundo em que o Natal se transformou em sacramento do lucro, festa máxima da religião do mercado, é preciso que encontremos novas formas de resgatar o segredo desse tempo, afirmando profeticamente a esperança. Todas as esperanças! Não só as de âmbito pessoal, como as que representam o desejo de todos: o sonho com um mundo de justiça e paz.

A solenidade do Natal, mais que uma comemoração do nascimento ou do aniversário de Jesus – uma vez que ninguém sabe o dia em que ele nasceu –, é a celebração da manifestação de Deus em nossa humanidade, do "nascimento de Nosso Senhor Jesus Cristo segundo a carne". Nela, festejamos a salvação que entra definitivamente na história das pessoas e que contemplamos no menino que nasceu em Belém, na visita dos pastores e dos magos ao presépio, no Batismo de Jesus no Jordão![1]

Quando as antigas comunidades cristãs começaram a celebrar o Natal, fizeram-no, ao mesmo tempo, como desdobramento da alegria pascal e como celebração inicial do mistério da salvação.

---

[1] Trechos extraídos de: CARPANEDO, Penha; GUIMARÃES, Marcelo. *Dia do Senhor*; guia para as celebrações das comunidades. Ciclo do Natal ABC. São Paulo: Apostolado Litúrgico/Paulinas, 2002. pp. 21-22 e 117.

20º encontro

Jesus está pleno do Espírito (Batismo de Jesus)

PREPARANDO O AMBIENTE

No centro da sala, disponha os símbolos do Batismo (uma jarra ou bacia com água benta e vela) e as fotos ou os objetos que os catequizandos trouxeram. A Bíblia deve ficar num lugar de destaque.

ORAÇÃO

Acenda a vela.

Leitor 1: Batizado o Senhor, os céus se abriram, e o Espírito Santo pairou sobre ele sob forma de pomba. E a voz do Pai se fez ouvir: "Este é o meu filho muito amado, nele está todo o meu amor!" (Antífona de entrada da missa do Batismo do Senhor).

Leitor 2: Pelo nosso Batismo, o Pai nos reconhece como filhos adotivos. O Espírito que pousou sobre Jesus é o mesmo que recebemos quando fomos batizados.

Todos: Vinde, Espírito Santo, e renovai nosso coração, para que possamos amar como Jesus amou. Abençoai e protegei todos os batizados, para que possamos viver de acordo com o nosso Batismo.

153

Catequista: Deus eterno e todo-poderoso, que, sendo o Cristo batizado no Jordão, e pairando sobre ele o Espírito Santo, o declarastes solenemente vosso Filho, concedei aos vossos filhos aqui presentes, renascidos da água e do Espírito Santo, perseverar constantemente em vosso amor. Por nosso Senhor Jesus Cristo, vosso Filho, na unidade do Espírito Santo (Oração de Coleta da Festa do Batismo do Senhor).

Em silêncio, cada um lê a oração anterior. O catequista pode começar o encontro retomando essa oração.

TEMA

Leitura bíblica: Mt 3,13-17 – *Batismo de Jesus*.

Proclamando junto com os catequizandos, releia os versículos 16 e 17. Faça uma breve partilha do texto.

Sabemos que o povo esperava um messias como rei, que viria para libertá-lo das opressões e implantar a justiça. João Batista também vivia essa esperança e, com suas pregações, ajudava o povo a não desanimar, pois a salvação estava próxima.

João anunciava dizendo: "Vem o mais forte que eu atrás de mim, de quem não sou digno de abaixando-me desatar o laço de suas sandálias" (Mc 1,7), e batizava com água todo aquele que queria mudar de vida.

Quando chegou o momento, Jesus deixou Nazaré, na Galileia, e foi encontrar-se com João, no rio Jordão. Jesus se enfileira atrás dos pecadores, ao longo das margens do rio Jordão, carregado de nossas iniquidades, e se deixa ser batizado por João Batista. Eram os nossos pecados que ele carregava. Por isso, o apóstolo Paulo chega a dizer: "Aquele que não conhecia pecado, Deus o fez pecado" (2Cor 5,21).

Então, vergando-se sob o peso de nossas transgressões, Jesus afunda nas águas do rio Jordão. Ali, todos nós fomos antecipadamente e em raiz purificados, lavados de nossas iniquidades, e emergimos das águas como filhos de Deus, alvos da predileção de Deus.

Naquele instante, os Céus se abriram e o Espírito Santo em forma de pomba pairou sobre Jesus e ouviu-se uma voz forte: "Tu és o meu Filho Amado. Em ti encontro o meu agrado". É a plena manifestação do Pai, pelo Espírito, consagrando o Filho para sua missão.

O Batismo de Jesus revela que ele é o ungido do Pai pelo Espírito com a missão de salvar o mundo como servo da humanidade. Jesus inaugura o Reino de Deus, dá preferência aos pobres e oprimidos e cumpre, assim, a vontade do Pai.

PARA PENSAR

A forma mais tradicional do Batismo é por imersão, com todo o corpo afundado na água. O banho ressalta o poder da água de matar por excesso ou falta. Basta lembrar as enchentes monumentais e os desertos ressequidos. Por outro lado, a água faz brotar a vida, dando existência a uma vegetação frondosa e verde. A vida nasceu e se desenvolveu, em primeiro lugar, na água. Basta lembrarmos que fomos gerados na barriga de nossa mãe, envoltos em água. A água nos faz retornar às origens da vida.

O Batismo de Jesus é diferente do de João, porque se dá pela água e pelo Espírito. O Espírito Santo derramado em nosso Batismo nos concede o perdão de todos os nossos pecados, inclusive do pecado original. O banho batismal nos faz ser gerados de novo (regenerados), nos concede vida nova.

O Batismo de Jesus é o tipo do nosso Batismo. Pelo Batismo, banho do novo nascimento, também nós nos tornamos filhos e filhas de Deus: "Nós nascemos, não de um sêmen corruptível, mas de um sêmen incorruptível" (1Pd 1,23), emergindo como raça divina. E São João confirma: "Vede com que amor nos amou o Pai, para que sejamos chamados filhos de Deus. E nós o somos de fato" (1Jo 3,1).

Sendo, portanto, filhos de Deus, que é definido como Luz (1Jo 1,5) e Amor (1Jo 4,8), nós havemos de reproduzir em nós os traços de nosso Pai Celestial, isto é, sermos luminosos e irradiadores de amor em relação aos nossos irmãos. São Paulo afirma que no Batismo fomos "enxertados" em Cristo (Rm 6,5), nova seiva de vida iniciando a refluir em nós e propiciando uma nova forma de pensar, falar e agir como Cristo, que se constitui o nosso tronco, ao qual estamos unidos. O ramo enxertado produz os frutos do tronco original.

Portanto, em força do Batismo, o que Cristo, nosso tronco, disse e fez, nós cristãos também havemos de dizer e fazer. A vida de Cristo consistiu em "fazer o bem a todos": vida, portanto, de humilde serviço, de doação irrestrita, até imolar sua existência no lenho da Cruz. Cabe-nos, em consequência, trilhar o caminho do Senhor Jesus. "Nisto temos conhecido o amor: Jesus deu sua vida por nós. Também nós outros devemos dar a nossa vida pelos nossos irmãos" (1Jo 3,16).

Ser batizado significa ser inserido em Cristo, viver nele a novidade do Reino, sob o impulso do Espírito Santo. Assim, recebemos a missão de ser discípulos de Cristo e de seguir seus passos.

PARA VIVENCIAR

Neste momento, estimule os catequizandos a observar as fotos do dia do próprio Batismo e explicar a importância da água. Encerre o encontro ressaltando que o dia de nosso Batismo marcou também o início de uma nova vida. Os pais e padrinhos assumiram a educação de nossa fé. Agora, já crescidos, cada um deve assumir como sua a mesma missão de Jesus: lutar por uma vida digna para todos, sem exploração, miséria, fome e exclusão. Peça que cada um converse com os pais e familiares sobre o dia do seu batizado.

PARA CELEBRAR

O grupo se reúne ao redor da água e do círio aceso para renovar a profissão de fé e ser aspergido.

Catequista: Relembrando o nosso Batismo, vamos, como Jesus, ser fiéis à missão a que fomos consagrados. Vocês acreditam em Deus Pai, que fez tudo o que existe, que nos ama e deseja a felicidade de todos os seus filhos?

Catequizandos: Acredito.

Catequista: Vocês acreditam em Jesus Cristo, Deus filho, que se fez homem como nós, nasceu da Virgem Maria, sofreu e morreu para nos salvar, foi sepultado, ressuscitou dos mortos e subiu ao céu?

Catequizandos: Acredito.

Catequista: Vocês acreditam em Deus, Espírito Santo, que mora em cada um de nós e dirige invisivelmente a Igreja?

Catequizandos: Acredito.

Catequista: Vocês acreditam que Deus perdoa os pecados, quando nos arrependemos e nos confessamos?

Catequizandos: Acredito.

Catequista: Nós professamos nossa fé em Deus Pai, Filho e Espírito Santo, razão de nossa alegria neste mundo, porque nada é maior do que o amor e a misericórdia que ele nos dá.

(Em seguida, cada um molha a mão na água benta e traça sobre si o sinal da cruz. Pode-se cantar uma música referente ao Batismo, à água. Conclui-se com a oração do Pai-nosso).

Observação: entregar uma folha de sulfite com o título "Quem é Jesus", para cada catequizando elaborar, com o apoio da família, um desenho retratando quem é Jesus para si, e trazer no próximo encontro. Que cada um expresse a imagem que lhe vem à mente, quando é chamado a pensar em Jesus.

21º encontro

Leitura orante – Quem é Jesus

PREPARANDO O AMBIENTE

A partir dos desenhos preparados em casa, conforme foi solicitado no encontro anterior, o catequista organiza um painel e convida a todos para observarem com atenção.

(Seguir os passos da leitura orante, conforme a explicação da introdução).

INVOCAÇÃO DO ESPÍRITO SANTO

Convide todos a rezarem a oração do Espírito Santo. As frases serão intercaladas pausadamente entre meninos e meninas para favorecer a integração entre os participantes e a compreensão da mensagem.

Meninos: Vinde, Espírito Santo,

Meninas: e enchei o coração dos vossos fiéis

Meninos: e acendei nele o fogo do vosso amor.

Meninas: Enviai o vosso Espírito

Meninos: e tudo será criado

Meninas: e renovareis a face da terra.

Catequista: Oremos.

Todos: Ó Deus, que instruístes os corações dos vossos fiéis, fazei que apreciemos retamente todas as coisas segundo vosso Espírito e gozemos sempre da vossa consolação. Por Cristo, Senhor nosso. Amém!

LEITURA

Proclamar o Evangelho segundo Marcos, capítulo 8, versículos 27 a 33.

"O texto inicia-se com uma pergunta: 'Quem dizem os homens que sou eu?'. Os personagens presentes na resposta eram aqueles que estavam na cabeça do povo: João Batista, Elias... A pregação de Jesus permitia a sua identificação com os antigos profetas de Israel. Até mesmo o povo não lhe negou esse título desde o início (Mt 6,14; Mc 6,15; Jo 4,19).

A pergunta que aparentemente era de fácil resposta faz com que suscite uma razoável confusão. Jesus interfere com mais uma pergunta: 'E vós, quem dizeis que sou?'. Jesus não queria que os discípulos apenas repetissem as opiniões de outras pessoas. Ele indagava a cada um de forma especial. Perguntava àqueles que com ele andavam diariamente.

A imagem que estava presente na mente dos discípulos não era muito diferente daquela criada pelo povo, que via nele a figura do messias político, nascido das esperanças e frustrações, realimentadas ao longo de vários séculos de humilhação e de dominação estrangeira. Pedro assume e responde por ele e por todos os outros: "Tu és o Cristo, o filho do Deus vivo". O silêncio que incomodava tanto os discípulos foi rompido por Pedro. Ele assumiu por conta e risco o comando da situação e, cheio de ousadia, respondeu. Sua resposta saiu de seus lábios com força e determinação. Não havia vacilo em suas palavras. Ele não tinha dúvida ao falar e, por causa disso, manifestava não somente aquilo que pensava, falava também pelo próprio grupo de discípulos.

Os demais discípulos podiam falar dos outros, no entanto, não podiam falar de si mesmos. Pedro falava por si e pelo grupo e isso fazia toda a diferença. Ele sabia em quem cria e, dessa forma, falar se tornou algo extremamente fácil. Pedro tinha a resposta certa na hora certa. Em sua mente não havia lugar para dúvidas e, por isso, suas palavras iam diretamente para o alvo, acertando-o em cheio. Jesus percebeu que era necessário desmontar aquela imagem, levando seus discípulos a um processo de maturidade, eliminando os obstáculos que impediam uma perfeita visão de sua missão. Para Jesus não interessava ter seguidores manipulados e inconscientes do que ele pretendia realizar. A pergunta deveria nos levar a pensar como a possível resposta repercutiria em nós. E, além disso, deveria nos levar a refletir a respeito da profundidade da missão que temos para desenvolver, assim como a respeito da intensidade da presença de Jesus entre nós.

A confissão de Pedro deve nos estimular, como discípulos e missionários, a elaborarmos a nossa própria confissão de fé. Jesus reatualiza diariamente a pergunta dirigida a Pedro a cada um de nós. Que tipo de confissão você tem elaborado da pessoa de Jesus? A resposta à pergunta de Jesus nos coloca imediatamente no caminho do discipulado e no desafio de vivermos comprometidos com a comunidade. O desafio de Jesus não tem sido considerado muito duro para nós? Não é verdade que muitas vezes somos tentados a abandoná-lo ou a substituir o seu projeto por um projeto mais adequado aos nossos interesses?" (colaboração: Luiz Alexandre Solano Rossi).

MEDITAÇÃO

1) No texto de Marcos, quando Jesus pergunta o que as pessoas diziam sobre ele, os discípulos responderam-lhe como o povo o via.

Neste momento o catequista convida cada catequizando para apresentar o seu desenho, descrevendo o modo como o fez, se contou com a ajuda de alguém, tornando compreensível "Quem é Jesus" para ele.

2) É comum as pessoas se preocuparem com o que os outros pensam sobre elas, seja diante de um fato, seja da expressão de uma opinião. Com Jesus não foi diferente. Ao questionar os discípulos, ele buscava saber se as pessoas realmente compreendiam a profundidade da sua missão e da sua presença. *Quem ele é* tornava-se, portanto, a grande referência a ser conhecida e seguida, superando falsas ideias a seu respeito.

Acreditamos todos em Jesus, mas alguns entendem Jesus de um jeito e outros de outro. Qual é, hoje, a imagem mais comum que o povo tem de Jesus?

O catequista acolhe a opinião do grupo e ajuda os catequizandos a compreenderem que mesmo diante da variedade de jeitos é necessário termos bem claro que Jesus é o Messias, verdadeiramente Filho de Deus, Caminho, Verdade e Vida.

ORAÇÃO

O catequista solicita aos catequizandos que apresentem espontaneamente louvores a Deus, motivados pela meditação da Palavra. Conclui-se este momento com a proclamação do Salmo 31,15-25.

CONTEMPLAÇÃO

"Quem dizem os homens que sou eu?" Com esta pergunta Jesus nos convida a discernir (pensar) quem de fato ele é. Não nos podemos deixar levar por falsas ideias que nos afastam da vontade de Deus em nossa vida.

ENCERRAMENTO

Assim diz a Boa-Nova: "Eu vim para que tenham vida, e a tenham em abundância" (Jo 10,10). Compreendido quem é Jesus, torna-se indispensável concretizar este momento orante ajudando o grupo a explicitar o Cristo como fonte de vida a quem nele crê, e depois enviá-lo a anunciar esta Boa-Nova a alguém da comunidade ou aos seus familiares.

22º encontro

A multiplicação dos pães

Preparação do ambiente

Providencie um tapete para que os catequizandos se sentem em círculo. No centro, coloque uma cesta com pães. Realize a dinâmica com música ambiente.

Oração

Leitura bíblica de forma orante: Mc 6,34-44 – *Milagre dos pães*.

Leve os catequizandos a interiorizar alguns versículos, repetindo-os com os olhos fechados.

"Jesus é tomado de profunda compaixão. O coração dele se inquieta e não descansará enquanto não resolver a situação que tanto o incomoda. Trata-se de uma expressão que deseja significar que Jesus se comoveu até as entranhas, que se solidarizou profundamente e que se identificou com a multidão abandonada. O motivo era que o povo 'estava como ovelhas sem pastor'. Também encontramos essa referência no Antigo Testamento. Dois exemplos ajudam a compreender melhor: o profeta Ezequiel denuncia os líderes do povo que "se alimentam de leite, se vestem de lã e sacrificam ovelhas gordas, mas não apascentam o rebanho" e, por falta de pastor, "elas dispersam" (Ez 34,3-4); e o profeta Miqueias denuncia o comportamento do rei Acabe dizendo: "Eu vi todo o

Israel dispersar pelas montanhas como um rebanho sem pastor" (1Rs 22,17).

O banquete de Herodes é a demonstração clara de que o povo já não tem mais guia. Seus pastores "apascentam a si mesmo" e "dominam sobre elas com dureza e violência" (Ez 34,2.4). A compaixão de Jesus se apresenta como uma verdadeira crítica ao poder político que se alimenta às custas do próprio povo. É, portanto, um banquete alternativo ao banquete dos poderosos que comem e bebem a carne e o sangue do povo (Am 4,1; Mq 3; Zc 11,4-7).

Jesus está preocupado e os discípulos compartilham da mesma preocupação. Mas a proposta dos discípulos reflete uma mentalidade que se distancia muito da mentalidade e proposta de Jesus. Enquanto Jesus desejava reunir os dispersos, os discípulos queriam novamente dispersar. Muito possivelmente eles ainda não tinham assimilado a tarefa de bom pastor a que Jesus se propusera. Não conseguiam ler e interpretar corretamente as intenções de Jesus. A proposta deles era simples: 'Despede-os'. Jesus interfere e altera radicalmente o rumo da proposta, dizendo: 'Dai-lhes vós mesmos de comer'.

Não daria para ser mais claro: ele queria dizer que a atitude fundamental do discípulo é a de se sentir convocado pela necessidade do povo e assumi-la como sua. A fome não pertence apenas aos outros. Não basta apenas constatar que ela existe e que é bem real. Faz-se necessário assumir uma tarefa recheada de compaixão e de solidariedade. A partilha sempre há de superar tanto o egoísmo quanto o individualismo. Mas parece que os discípulos nada compreendem. A indiferença se instala. Afinal, como alimentar a todos, se eles não têm o equivalente a 200 dias de salário? O problema é que os discípulos trabalhavam com uma lógica inadequada. Pensavam que somente quem tem dinheiro seria capaz de proporcionar a solução.

Jesus pensa de forma diferente: leva os discípulos a refletir sobre o que efetivamente dispõem. E, novamente, eles esbarram na impotência. "Temos apenas cinco pães e dois peixes". Uma quantidade ridícula ante as necessidades da multidão. Às vezes, a forma de olhar resolve todo o problema: simbolicamente a soma total já anuncia a plenitude da saciedade – *sete*. Mas o problema é que eles somente conseguem olhar para o imediato e o aparente, ou seja, cinco e dois sempre serão insuficientes para alimentar a multidão que continua esperando. Jesus, a partir dos poucos recursos, rompe com a lógica do palácio e, sobre a grama verde, acontecerá o banquete que Herodes jamais poderá saborear.

Um detalhe não nos pode escapar: se no início a multidão estava dispersa, agora ela se organiza – 'organizando-se em grupo de cem e de cinquenta'. Passa de uma massa dispersa a um povo organizado. Também devemos perceber a alta concentração de verbos que encontramos no texto, que se referem à partilha: partir, dar, distribuir, repartir. A vida cristã é fundamentada no incansável gesto de comunhão. É importante acreditar no pouco que se tem, verificar as próprias possibilidades e, além disso, sempre pensar em organização. Uma das principais reflexões que podemos extrair desse texto é a de que o conteúdo da missão são as necessidades do povo, ou seja, a vida do povo é sua tarefa. Não se pode simplesmente virar as costas e querer 'despedir a multidão', como se com ela não tivéssemos responsabilidade" (colaboração: Luiz Alexandre Solano Rossi).

Em seguida, peça que reflitam sobre as seguintes questões:

- Jesus esqueceu o descanso para poder servir ao povo. Que mensagem eu encontro aqui para mim? Reconheço a ação de Deus em minha vida como movimento de amor e gratuidade?
- E partilhar? O que significa isso? Sou capaz de realizar tão grande feito?
- Sou capaz de ajudar naquilo de que meus companheiros necessitam.

TEMA

Comente sobre o significado do pão como alimento necessário para a sobrevivência da pessoa. Essa necessidade abrange todos os aspectos: fome do pão, da casa própria, do diálogo, do afeto. Reconte o milagre do pão e dê ênfase ao significado de bendizer e partilhar. Isso leva à generosidade e à doação de si, uma das virtudes mais evangélicas e eucarísticas.

PARA PENSAR

O Evangelho nos oferece duas ideias muito importantes: bendizer e partilhar. "Jesus tomou os cinco pães e os dois peixes, ergueu os olhos ao céu, pronunciou a bênção, partiu os pães e ia dando-os aos discípulos, para que os distribuíssem" (Mc 6,41).

Primeiramente, agradecemos a Deus pelo pão, porque é ele que nos concede a natureza que faz germinar a semente e nos dá forças para cultivar e transformar o fruto da terra. Para o povo da Bíblia: "O alimento é percebido como um dom de Deus. Deus dá a terra, faz chover, faz germinar e amadurecer o trigo. O fiel o reconhece como Criador e fonte de vida e, sobretudo, como um Deus bom, que dá em abundância, abençoa e cumula de bens. Tudo o que ele diz é 'bem-dito', tudo o que ele faz é 'bem-feito'. Eis por que a primeira atitude do fiel deve ser, por sua vez, glorificar a Deus por sua generosidade sem limites e particularmente pelo dom do alimento, sem o qual o homem não poderia viver".[1]

Entendemos também que o pão é fruto do trabalho humano, pois há que plantar e colher o trigo, fazer a farinha, preparar a massa e assar o pão. Jesus não desaponta a multidão faminta, doente e desamparada, como um rebanho sem pastor. Reconhece a ação gratuita e misericordiosa do Pai e convida a multidão a se organizar e repartir o pouco que tem.

A multiplicação dos pães aparece nos quatro Evangelhos e dois deles apresentam, ainda, uma segunda multiplicação, dado que revela a importância para os cristãos de entender Cristo como aquele que sacia a fome do homem, não somente a física,

---

[1] SCOUARNEC, Michel. *Símbolos cristãos*; os sacramentos como gestos humanos. São Paulo: Paulinas, 2001. pp. 81-82.

mas também a do espírito, com um alimento que não acaba. "O milagre da multiplicação dos pães, quando o Senhor proferiu a bênção, partiu e distribuiu os pães a seus discípulos para alimentar a multidão, prefigura a superabundância deste único pão de sua Eucaristia."[2]

Na verdade, disse João que ele é o pão da vida, o verdadeiro alimento que nos conduz para a vida eterna. Ele é o único alimento essencial: "Eu sou o pão da vida... quem comer deste pão viverá eternamente, o pão que eu darei é a minha carne para a vida do mundo" (Jo 6,48.51).

PARA VIVENCIAR

O cristão, antes de tudo, é aquele que reconhece a gratuita ação de Deus como manifestação de seu amor e de sua bondade, por isso o bendiz em todas as situações de sua vida. Particularmente, antes das refeições, o cristão agradece e abençoa o alimento, porque reconhece nele a manifestação da bondade do Pai que nos concede os seus dons. O pão é sagrado, assim como todo alimento, porque é um dom do Pai, sendo o desperdício um desrespeito a Deus e a quem não o tem na mesa.

Na missa dominical, de acordo com a equipe de liturgia, os catequizandos podem fazer parte da procissão das oferendas, apresentando alguns alimentos como dons a ser oferecidos às pessoas carentes da comunidade, gesto que pode ser repetido mensalmente.

PARA CELEBRAR

Abençoe os pães com estas palavras ou outras semelhantes:

Bendito sejais, Senhor, Deus do universo,
Pelo pão que recebemos de vossa bondade,

---

[2] *Catecismo da Igreja Católica*, n. 1335.

Fruto da terra e do trabalho humano,
Que agora vos apresentamos,
E para nós se vai tornar nosso alimento.

Todos: Bendito seja Deus para sempre![3]

Em seguida, parta os pães. Peça que um dos catequizandos vá até a cesta, pegue um pedaço de pão, escolha um colega e lhe entregue o pedaço. Este, por sua vez, após ter recebido sua parte, escolhe outro colega e lhe entrega um pedaço. Assim, sucessivamente, até todos receberem.

Sugestão: escolha um canto que fale de partilha e agradecimento.

---

[3] Oração de Apresentação das Oferendas na Missa.

23º encontro

Perdão dos pecados

PREPARAÇÃO DO AMBIENTE

Disponha as cadeiras em duplas, em diversos locais da sala. Ao chegarem os catequizandos, leve-os um por um até uma das cadeiras. É importante que haja clima de seriedade.

ORAÇÃO

Em dupla, ficam um de frente para o outro, com a mão direita no ombro do colega, e ouvem a seguinte mensagem lida pelo catequista:

Perdão: palavra tão pequena que nos pede
para sermos amigos e filhos de um único Pai.

Perdão: gesto tão grande que somente nós,
que erramos, podemos dar um ao outro e a nós mesmos.

Será que hoje eu cometi algum erro?

Ou teria sido ontem?

E o meu amigo, terá errado também?

Jesus disse: "Se teu irmão pecar contra ti, vai corrigi-lo, tu e ele a sós! Se ele te ouvir, terás ganhado o teu irmão" (Mt 18,15).

TEMA

Agora, os catequizandos, em círculo, ouvem um ao outro sobre o que significa ser pecador, saber perdoar e como isso acontece no dia a dia.

Leitura bíblica: Mt 18,21-35 – *Ser perdoado para também perdoar.*

"A pergunta de Pedro é desafiadora. 'Quantas vezes devo perdoar?' Uma pergunta que a princípio procura estabelecer um ponto final para aquilo que deveria jorrar feito uma fonte para toda a eternidade. Talvez isso aconteça porque pensamos as relações interpessoais a partir da mentalidade humana e não a partir da mentalidade de Jesus. Jesus quebra com o nosso modo de pensar. Faz com que Pedro pare de pensar pequeno e se abra para novas perspectivas. Não podemos represar o perdão como se ele fosse em algum momento se esgotar. Setenta vezes sete quer indicar perdoar mais do que sempre. É o uso indiscriminado do perdão. Permitir que o perdão brote em nossas vidas como se fosse uma fonte inesgotável de água cristalina que jorra em direção àqueles que devemos perdoar. A fé em Jesus passa necessariamente pela capacidade de perdoar e de reconstruir as relações interrompidas pelo pecado. Jesus quebra com sua história com a nossa lógica mesquinha que não aceita perdoar.

Dez mil talentos é uma quantidade admirável. Um único talento equivalia a 34 kg. Imaginem a dívida do empregado: 10.000 x 34 kg. Uma dívida impagável. Mais incrível ainda se imaginarmos, por exemplo, que o total de impostos pagos pela Celessíria, Fenícia, Judeia e Samaria chegava a oito mil talentos! Jesus está incluindo um novo ingrediente na vida dos seus discípulos ao mostrar que é a relação diária e constante que nos define. Somos seres relacionais. Não vivemos em ilhas separadas uns dos outros. E a convivência, às vezes, traz inúmeras dificuldades. Nem sempre sabemos reagir da maneira correta e muitas vezes agimos de forma imprudente, magoando ou ferindo alguém do nosso convívio. E, por causa disso, devemos cuidar da saúde desses relacionamentos. Perdoar não deve ser compreendido apenas como se fosse um sentimento. Afinal os sentimentos são volúveis e posso muito bem "sentir vontade de perdoar", assim como posso também "não sentir vontade de perdoar".

Devemos compreender o ato de perdoar como uma opção de fé. Uma opção que nasce a partir do discipulado e nos leva a viver em comunhão uns com os outros. Uma atitude de quem acredita firmemente que Deus nos perdoa sempre e graciosamente. Mais do que sempre ele nos perdoa. "Perdoa-nos as nossas dívidas, assim como perdoamos aos nossos devedores" (Mt 6,12) é a oração que fazemos a Deus quando suplicamos que venha a nós o seu Reino e que seja feita a sua vontade.

O perdão é terapia para os relacionamentos que se encontram estremecidos. Trata-se de um santo remédio para que sejamos irmãos e irmãs saudáveis e, de forma consequente, também viveremos em comunidades saudáveis. Aqueles que não vivem a dimensão do perdão acumulam toxinas dentro de si mesmos, transformando seus corações num grande depósito de lixo. Inviabilizam dessa forma não somente a sua própria vida, mas também a vida de toda a comunidade" (colaboração: Luiz Alexandre Solano Rossi).

Reconte a parábola, parte por parte, sempre com a ajuda dos participantes. Proponha realizar a reflexão dessa passagem por meio de uma atividade teatral. O grupo é subdividido e orientado a pensar situações de pecado, de erro, e na forma como este deverá ser perdoado. Essa prática leva a criança a discernir no dia a dia o que é pecado (ter atitudes cruéis, faltar com o respeito, ser desobediente) e a manifestar o perdão, possibilitando-lhe avaliar as próprias atitudes e as dos outros, para conviver na caridade e no amor.

PARA PENSAR

Jesus, Filho de Deus, tem o poder de vencer o mal, assim como afastou o tentador e perdoou nossos erros, pois ele foi igual a nós em tudo, menos no pecado.

A condição de pecadores nos leva a praticar o mal e a ofender o próximo por soberba ou vaidade. Pecamos todas as vezes que prejudicamos o outro, que é nosso irmão. Fazemos parte de uma sociedade repleta de preconceitos que nos separam e diminuem as pessoas. Precisamos de conversão e de perdão constantes, por isso dizemos na oração do Pai-nosso: "Perdoai as nossas ofensas, assim como nós perdoamos a quem nos tem ofendido".

Jesus perdoou a pecadora arrependida, suscitou a conversão do rico Zaqueu, comeu com os pecadores e se comparou ao bom pastor que deixa as noventa e nove ovelhas protegidas e sai em busca da que se perdera (Lc 15,1-7).

Assim, cabe-nos perdoar os outros, porque também cometemos muitos erros. Nós, cristãos, vivemos em constante atitude de conversão e de penitência, pois somos sempre tentados pela malícia e pelo mal. Muitas vezes não cometemos o mal por vontade própria, nem conscientemente, mas por omissão, deixando de fazer o bem. Levados pelo comodismo, não nos importamos com o sofrimento do irmão.

PARA VIVENCIAR

Peça que os catequizandos conversem em casa sobre o perdão e reconheçam que algumas atitudes nossas são grosseiras, marcadas por comodismo, preguiça. Apesar disso, sempre podemos melhorar, crescer em responsabilidade e compromisso para colaborar mais em casa, na escola e no grupo de amigos.

Reflita:

1. Por que será que é tão difícil perdoar?
2. Na nossa comunidade existe espaço para a reconciliação? De que maneira?

PARA CELEBRAR

Conduza um breve exame de consciência e, em seguida, reze com os catequizandos, de preferência de joelhos, em sinal de humildade e reconhecimento de nossa pequenez diante da misericórdia de Deus.

Catequista: Senhor, que sois o caminho que leva ao Pai, tende piedade de nós.

R.: Senhor, tende piedade de nós.

Catequista: Cristo, que prometestes o paraíso ao bom ladrão, tende piedade de nós.

R.: Cristo, tende piedade de nós.

Catequista: Senhor, que muito perdoais a quem muito ama, tende piedade de nós.

R.: Senhor, tende piedade de nós.

Todos: Pai nosso...

24º encontro

Jesus chama os apóstolos

PREPARAÇÃO DO AMBIENTE

Disponha no chão da sala recortes de jornais e revistas que retratem boas e más ações praticadas na sociedade.

ORAÇÃO

Recite, espontaneamente, os seguintes versículos do Evangelho. Em seguida, repita-os de forma aleatória.

Ide ao mundo e ensinai a todas as nações!
Eis que eu estou convosco, até o fim do mundo!
(Mt 28,19a.20b).

Eu sou o bom pastor, conheço minhas ovelhas
E elas me conhecem (Jo 10,14).

Se alguém quer me servir, que venha atrás de mim,
E onde eu estiver, ali estará meu servo (Jo 12,26).

Como o Pai me amou, também eu vos amei,
Permanecei no meu amor (Jo 15,9).

Eu vos nomeei, pra que vades e deis frutos,
E o vosso fruto permaneça (Jo 15,16).

TEMA

Voluntariamente, dois catequizandos proclamam Mc 3,13-19, que trata sobre a escolha dos doze apóstolos.

Jesus começou com dois discípulos e em seguida mais dois (Mc 1,16-20). Aos poucos, o número foi crescendo. Lucas informa que ele chamou mais 72 discípulos para ir com ele na missão (Lc 10,1). Jesus chama os que ele quer e eles foram até ele. Jesus os chama para uma dupla missão:

1) *estar com ele*, isto é, formar a comunidade na qual ele, Jesus, é o eixo;

2) *anunciar a Boa-Nova e ter poder para expulsar os demônios*, isto é, pregar e combater o poder do mal que estraga a vida do povo e aliena as pessoas.

Marcos diz que Jesus subiu a uma montanha e, estando lá, chamou os discípulos. A chamada é uma subida! Na Bíblia, subir à montanha evoca a montanha a qual Moisés subiu e teve um encontro com Deus (Ex 24,12). Lucas diz que Jesus tinha subido à montanha, rezou a noite toda e, no dia seguinte, chamou os discípulos. Rezou a Deus para saber a quem escolher (Lc 6,12-13). Depois de haver chamado, Jesus oficializa a escolha feita e cria um núcleo mais estável de doze pessoas para dar maior consistência à missão. É também para significar a continuidade do projeto de Deus. Os doze apóstolos do Novo Testamento são os sucessores das doze tribos de Israel.

Nasce assim a primeira comunidade do Novo Testamento, comunidade modelo, que vai crescendo ao redor de Jesus ao longo dos três anos da sua atividade pública. No início, são apenas quatro (Mc 1,16-20). Aos poucos, a comunidade cresce de acordo com o aumento da missão nas aldeias e povoados da Galileia. Chegou ao ponto de eles não terem nem tempo para comer e descansar (Mc 3,2). Por isso, Jesus se preocupava em proporcionar um descanso para os discípulos (Mc 6,31) e em aumentar o número dos missionários e missionárias (Lc 10,1). Desse modo, Jesus procura manter o duplo objetivo do chamado: estar com ele e ir à missão. A comunidade que assim se forma ao redor de Jesus tem três características básicas que pertencem à sua natureza: ela é formadora, missionária e inserida no meio dos pobres da Galileia.

A partir das figuras espalhadas pela sala, explicite a atualidade da missão do Evangelho neste mundo. Comente a ação do Espírito que dá força para seguir a caminhada de fé, assim como a água que refresca e o fogo que ilumina.

PARA PENSAR

Jesus chamou os doze apóstolos para segui-lo. Nas praias do mar da Galileia, chamou Pedro, Tiago e João. Pedro deixou as barcas e a pesca e saiu anunciando a Boa-Nova do Reino (Lc 5,1-11). A todos, enviou em missão. Disse a Pedro: "Tu me amas?... Sê pastor das minhas ovelhas" (Jo 21,16).

Depois convocou os discípulos, um grupo ainda maior. Ser discípulo de Cristo significa ter grande amizade com ele. "Já não vos chamo servos, porque o servo não sabe o que faz o seu Senhor. Eu vos chamo amigos" (Jo 15,15). Ser amigo ou discípulo de Jesus nos faz estar muito próximos dele e viver com ele a aventura do Reino, isto é, acolher os pobres, não ignorar os doentes e os presos; enfim, fazer o bem a todos.

Hoje, na Igreja, temos os novos apóstolos: bispos, padres, diáconos e religiosos, cuja missão específica é a de anunciar o Evangelho e zelar pelas comunidades. Igualmente, todo cristão, em razão do Batismo, é discípulo de Cristo com a missão de pregar e viver o Evangelho na família, entre os amigos e no trabalho.

Anunciar o Evangelho é urgente, é a tarefa mais importante, porque se trata de ser mensageiro da vida plena, da eternidade, da misericórdia do Pai e da salvação que Cristo veio nos trazer.

Jesus chama cada um de nós para seguir o seu caminho e trazer outras pessoas para nos acompanhar. Assim, formamos um grande círculo de amizades para compartilhar experiências e fortalecer a nossa experiência de fé.

PARA VIVENCIAR

Refletir com o grupo:

1) Estar com Jesus e ir à missão é a dupla finalidade da comunidade cristã. Como você assume este seu compromisso na comunidade a que pertence?

2) Jesus chamou os discípulos pelo nome. Você, eu, todos nós existimos, porque Deus me chama pelo nome. Pense nisso!

Solicite que os catequizandos observem a missão do padre, do religioso, de um leigo que leve a sério a vida de fé: *Em que eles ajudam a unir e fortalecer a comunidade? Como a pessoa de Jesus permanece viva neles?*

PARA CELEBRAR

Reze, com os participantes, por todos aqueles que anunciam o Evangelho em nossa comunidade e na Igreja.

Leitor: O Senhor disse: "A colheita é grande, mas os trabalhadores são poucos. Pedi, pois, ao Senhor da colheita que mande trabalhadores para sua colheita" (Lc 10,2).

Todos: Enviai, Senhor, operários para a colheita.

Leitor: Ensinai-nos, Pai, a ter compaixão daqueles que sofrem, assim como vosso Filho Jesus amou e cuidou dos sofredores.

Todos: Enviai, Senhor, operários para a colheita.

Leitor: Pelo nosso Batismo, fomos consagrados na mesma missão de Cristo. Ajudai-nos, Pai, a seguir a Cristo e anunciar a Boa-Nova do Reino por toda a nossa vida.

Todos: Enviai, Senhor, operários para a colheita.

Todos: Pai nosso...

25º encontro

Leitura orante – Vocação de Mateus

(Seguir os passos da leitura orante, conforme a explicação da introdução.)

INVOCAÇÃO DO ESPÍRITO SANTO

Cantar: "A nós descei, Divina Luz!".

A nós descei, Divina Luz!
Em nossas almas acendei
O amor, o amor de Jesus! (bis)

Vinde, Santo Espírito,
E do céu mandai
Luminoso raio! (bis)

Vinde, Pai dos pobres,
Doador dos dons,
Luz dos corações! (bis)

LEITURA

Proclamar: Mt 9,9-13.

"Mateus está sentado na coletoria de impostos. Ali é o lugar de seu trabalho. Ele era um pequeno funcionário encarregado de coletar os impostos. Mas não era uma atividade que se podia exercer sem certo desconforto. Afinal, os coletores eram considerados

179

pecadores por duas razões: arrecadavam o imposto para o odioso Império Romano e costumavam arrecadar mais do que o devido.

Mateus conta sua história de discípulo e de como a relação entre ele e Jesus aconteceu. Ele é chamado por Jesus e imediatamente o segue. Sem dúvida que a narração deve ter causado arrepios nos ouvintes. Jesus utiliza como exemplo de resposta imediata ao chamado uma pessoa que era considerada impura e, por que não, traidora.

Mas também a força irresistível de Jesus sobre ele o faz convidar Jesus para ir até a sua casa. E agora é Jesus que o segue. Na casa de Mateus, reunidos ao redor da mesa, vive-se a comunhão. Não há nenhuma palavra no texto que lembre afastamento ou exclusão. Jesus não exclui o(s) pecador(es) do seu grupo. Não há como perceber qual é o grupo de impuros e qual seria o grupo de santos. Juntos eles fazem a refeição daqueles que se percebem como um só e o mesmo grupo. Não há hierarquização. Não se discute quem é o maior e quem é o menor, quem é o mais importante e quem é o menos importante. Não se preocupam em separar os melhores dos piores. Ali, assentados ao redor da mesma mesa e servindo-se da mesma refeição, são todos, absolutamente, irmãos.

Mas o preconceito logo vem à tona. Os fariseus reagem à comunhão estabelecida e procuram desqualificar e deslegitimar a atitude do mestre. Questionam seus discípulos: "Como vocês podem ter como mestre uma pessoa que não sabe distinguir e separar os bons dos maus?". Eles desconhecem a lógica inclusiva de Jesus. Na verdade, os fariseus trabalham com outra lógica que não permite viver em uma casa comum. Devemos também perceber que os discípulos não estranham nem um pouco a atitude de Jesus. Eles mesmos estão ao redor da mesa. Eles não ficam admirados e/ou questionando a atitude de Jesus. São sabedores de que o ministério de Jesus é junto aos pecadores. Para Jesus a fraternidade é superior às ciladas da exclusão.

Nesse episódio todas as barreiras são superadas. Diz-se não para todas as formas de preconceito que impedem de nos aproximarmos uns dos outros. A força do seguimento de Jesus nos impede de julgarmos os outros e de criarmos muros de separação. A misericórdia, no projeto de Jesus, tem a última palavra. O sacrifício perde a força quando não se consegue ser solidário, fraterno e inclusivo nas relações do cotidiano. Afinal, de que adiantaria o sacrifício, se em nossas relações interpessoais não amássemos uns aos outros?" (colaboração: Luiz Alexandre Solano Rossi).

MEDITAÇÃO

Mateus considerou ser mais importante seguir Jesus do que exercer a sua profissão de cobrador de impostos. Ele também era excluído, porque tinha uma profissão considerada desprezível pelos judeus. Jesus não o desqualificou, ao contrário, chamou-o para fazer parte do grupo dos seus apóstolos seguidores. Hoje, quem são os chamados a seguir Jesus?

Que qualidades Jesus leva em conta para chamar uma pessoa para segui-lo?

Depois de chamar o publicano Mateus, considerado impuro, Jesus foi a sua casa e se sentou à mesa com pecadores e seus discípulos. Jesus nos chama para formar uma grande família, sem preconceitos. Quem são os chamados a sentar-se, hoje, à mesa com Jesus?

Jesus manda o povo ler e entender o Antigo Testamento, que diz: "Quero misericórdia e não sacrifício". O que Jesus quer dizer com isto?

ORAÇÃO

Como sois bom, Jesus! Ao passar pela rua, vistes Mateus arrecadando impostos. Não olhastes para o que diziam dele, e sim para o seu coração, por isso o chamastes para seguir-vos.

Vós chamais a todos para sentar-se à mesa convosco. Não discriminais ninguém, mesmo sendo pecadores reconhecidos.

Olhastes para mim e também me chamastes para vos seguir.
Sede meu Mestre e meu amigo de todas as horas.

Quero sentar-me convosco para conversar muito e sentir o
vosso olhar, sabendo que não me condenais, pelo contrário,
sempre me perdoais e me acolheis, porque sou fraco e pecador.

CONTEMPLAÇÃO

Jesus ultrapassa nossa maneira de ver o mundo e as relações entre as pessoas. Estamos acostumados a ver as coisas e as pessoas somente por sua riqueza e poderio. Jesus vê, em primeiro lugar, o coração de bondade que cada um tem.

Também quero acolher as pessoas em minha vida. Quero ter amizade com todos e, especialmente, com aqueles que são quietos ou tímidos e quase nunca brincam. Não vou rejeitar ninguém só por ser mais pobre que eu. Jesus aceita e quer bem a todos nós, sem preferência ou distinção.

ENCERRAMENTO

Vamos dar as mãos e rezar o Pai-nosso, sentindo-nos, de fato, irmãos e filhos do mesmo Pai, assim como Jesus nos ensinou.

26º encontro

Ensino através de parábolas

PREPARAÇÃO DO AMBIENTE

Providencie mesas e divida as crianças em grupos. Fique atento às possibilidades de participação delas para indicar-lhes funções que sejam produtivas, além de considerar a colaboração daquelas que já sabem ler com fluência para auxiliar o grupo.

Disponha, em cada mesa, canetas coloridas, cartolina, um envelope e uma Bíblia. Dentro do envelope, está o nome da parábola a ser estudada pelo grupo e a indicação bíblica. No centro da sala, coloque uma caixa com vários objetos que simbolizam as parábolas.

Recomenda-se realizar uma atividade de desenho ou de animação, das treze parábolas para ilustrar e fixar o tema do ensinamento.

ORAÇÃO

Todos de pé e em círculo.

Catequista: Coloquemo-nos em atitude de oração *(continua de forma bem tranquila)*. Sintamos a nossa respiração, inclinemos a cabeça para baixo, demo-nos as mãos e fechemos os olhos *(alguns instantes de silêncio)*.

Leitor 1: "O Reino dos Céus é semelhante a um tesouro escondido no campo. Um homem o acha e torna a esconder e, na sua alegria, vai, vende tudo o que possui e compra aquele campo" (Mt 13,44).

Leitor 2: Senhor, é grande a nossa alegria, porque encontramos em vós o nosso verdadeiro tesouro. Queremos amar-vos acima de qualquer outra coisa. Vós sois a pessoa mais importante de nossas vidas.

Leitor 1: "O Reino dos Céus é semelhante a um negociante que anda em busca de pérolas finas. Ao achar uma pérola de grande valor, vai, vende tudo o que possui e compra-a" (Mt 13,45).

Leitor 2: Senhor, ainda não sois o bem maior de nossas vidas. Estamos presos a muitas coisas que nos impedem de amar-vos de verdade. Temos o coração apegado aos bens deste mundo. Preferimos outros divertimentos, que tantas vezes nos separam do vosso amor.

Catequista: Ó Deus, Pai de misericórdia, voltai o vosso olhar sobre nós, que queremos conhecer vosso Filho Jesus e descobrir o que ele nos ensinou. Ajudai-nos a ter um coração grande, capaz de amar, verdadeiramente, o nosso irmão e colaborar, sempre, com aqueles que precisam de nossa ajuda. Que o Espírito Santo nos ilumine e nos fortaleça nesta decisão. Amém.

TEMA

Entregue um envelope para cada grupo, que deve abri-lo e ler a parábola indicada. Em seguida, um dos integrantes reconta-a com suas palavras e faz uma interpretação de sua mensagem.

Sugestões de parábolas:

- O *joio*: Mt 13,24-30.
- O *rico insensato*: Lc 12,13-21.
- A *figueira estéril*: Lc 13,6-9.
- O *rico e o indigente, Lázaro*: Lc 16,19-31.
- O *grão de mostarda*: Mt 13,31-32.
- O *fermento*: Mt 13,33.
- O *tesouro escondido*: Mt 13,44.
- A *pérola*: Mt 13,45-46.
- A *vela e o candelabro*: Lc 11,33ss.
- A *rede*: Mt 13,47-50.
- A *dracma perdida*: Lc 15,8-10.
- As *dez moedas*: Lc 19,12-27.

Um dos participantes do grupo é escolhido para pegar da caixa os objetos que simbolizam a parábola. Os outros vão ilustrá-la, lançando mão das canetas e cartolinas. Posteriormente, o grupo contará a parábola para a turma, com suas próprias palavras e com apoio do cartaz que ilustra a história. Você, catequista, ajuda a aprofundar o sentido da parábola.

PARA PENSAR

Jesus não era uma pessoa estudada (Jo 7,15). Não tinha frequentado a escola superior de Jerusalém. Vinha do interior, da roça, de Nazaré. Era um desconhecido, meio camponês, meio artesão. Sem pedir licença às autoridades religiosas, começou a ensinar o povo. O povo gostava de ouvi-lo. Jesus tinha um jeito bem popular de ensinar por meio de parábolas. Uma parábola é uma comparação que usa as coisas conhecidas e visíveis da vida para explicar as coisas invisíveis e desconhecidas do Reino de Deus. Jesus tinha uma capacidade muito grande de encontrar imagens bem simples para comparar as coisas de Deus com as coisas da vida que o povo conhecia e experimentava na sua luta diária pela sobrevivência. Isto supõe duas coisas: estar por dentro das coisas da vida, e estar por dentro das coisas de Deus, do Reino de Deus.

Vamos ter presente que o modo de Jesus pensar é muito diferente da lógica do mundo ao seu redor. As parábolas mostram o novo jeito de ser daquele que aceitou seguir Jesus.

Quando terminava de contar uma parábola, Jesus não a explicava, mas costumava dizer: "Quem tem ouvidos para ouvir ouça!". O que significava: "É isso! Vocês ouviram. Agora, tratem de entender!". De vez em quando, ele explicava para os discípulos. O povo gostava desse jeito de ensinar, porque Jesus acreditava na capacidade do pessoal de descobrir o sentido das parábolas. A experiência que o povo tinha da vida era para ele um meio para descobrir a presença do mistério de Deus em suas vidas e criar coragem para não desanimar na caminhada.

É nosso papel descobrir o que está subentendido nas parábolas. Entretanto, Jesus revela o sentido delas somente aos que têm fé. É importante compararmos as situações de nossa vida com a maneira que Cristo nos ensina a viver, assim como fazermos uma analogia dos elementos utilizados nas parábolas com o que Jesus quis dizer. Por exemplo: semente de mostarda refere-se ao Reino; joio, às más ações; trigo, às boas ações.

PARA VIVENCIAR

Jesus contava as parábolas se inspirando nos acontecimentos de seu tempo. Quais ensinamentos das parábolas comentadas neste encontro você recebeu como novidade para a sua vida? Em casa, aprofunde a parábola sobre o rico e o indigente, Lázaro: Lc 16,19-31. Comente e tire suas conclusões junto com os seus familiares.

Procure lembrar uma história ou um fato acontecido e comentado em sua casa ou na escola e diga também qual o ensinamento que ele traz para a sua vida.

PARA CELEBRAR

Leitor 1: Disse Jesus: "Eu sou o bom pastor. O bom pastor dá sua vida pelas suas ovelhas" (Jo 10,11).

Leitor 2: "Eu sou o bom pastor; conheço as minhas ovelhas e as minhas ovelhas me conhecem. Eu dou a minha vida pelas minhas ovelhas" (Jo 10,14.15b).

Leitor 3: *(Proclama Lc 15,4-7 – A ovelha perdida).*

(Alguns instantes de silêncio.)

Todos: "O Senhor é meu pastor, nada me falta, em verdes pastagens me faz repousar. Para as águas tranquilas me conduz e restaura minhas forças. Ele me guia por caminhos seguros. Ainda que eu caminhe por um vale tenebroso, nenhum mal temerei, pois estás junto a mim. Teu bastão e teu cajado me deixam tranquilo" (Sl 23,1-4).

Catequista: O Senhor esteja convosco.

Todos: Ele está no meio de nós.

Catequista: Abençoe-nos o Deus todo-poderoso: Pai, Filho e Espírito Santo.

Todos: Amém.

27º encontro

O semeador

PREPARANDO O AMBIENTE

Na sala, disponha de um pires com sementes (milho, feijão...), um vaso com folhagem e, se possível, outro com flores.

ORAÇÃO

O catequista conversa com as crianças sobre o significado da semeadura. Em razão de a maioria da população brasileira ser urbana, acostumada com o asfalto e as construções de cimento e tijolo, perdemos a capacidade de pensar seguindo o ritmo da natureza.

Recrie com o grupo as etapas da semeadura até a colheita (necessidade de carpir, arar a terra, preparar as sementes, aguardar a chuva, a semente se transformar em broto, crescer...).

Dê mais um passo e problematize se a semente é apenas aquela que cai na terra ou se podemos ter outras sementes que precisam de outros solos para germinar. Por exemplo: a semente da responsabilidade, do estudo...

(Selecionar canto que trate sobre a Palavra, por exemplo: "Põe a semente na terra, não será em vão".)

Catequista: Vamos iniciar nossa oração nos predispondo a ser terra boa para acolher o amor de Deus, a sua Palavra que é Cristo e a força do seu Espírito. Em nome do Pai...

Leitor 1: Ó Pai querido, queremos ser terreno bom para receber tua Palavra e fazê-la crescer em nossa vida.

Todos: Queremos ser terra boa.

Leitor 2: A tua Palavra chega ao nosso coração e nos inspira a fazer o bem às pessoas.

Todos: Tua Palavra muda nosso interior e nos faz ser bons de coração.

Canto: "Envia tua Palavra, Palavra de salvação".

TEMA

Leitura bíblica: Lc 8,5-15.

Reconte a parábola, parte por parte, sempre com a ajuda dos participantes. Proponha realizar a reflexão dessa passagem por meio de uma atividade teatral.

"É o próprio Jesus quem fez a afirmação de que a semente é a Palavra de Deus. E não podemos nos esquecer de que a Palavra de Deus é Jesus Cristo; logo, a semente a ser semeada é Jesus mesmo. Que conteúdo transformador possui essa semente? Podemos resumir em sementes que produzem amor, salvação, perdão, reconciliação, esperança, justiça.

Que tipo de semente plantamos em nossos corações e que semeamos nos corações de outros? Os caminhos, as pedras, os espinhos e a terra boa em que a semente caiu são os mais diversos corações das pessoas. Existem aqueles que vivem de ouvir a palavra. Sem dúvida que ouvir é algo bom, mas não é suficiente. Palavras entram e saem com grande facilidade de nossa memória. Aqueles que somente ouvem não se preocupam em praticar. São demasiadamente teóricos. Acreditam que a vida de Jesus se resume em escutar histórias – ainda que sejam belas – e nada mais.

Outros até se alegram com a palavra/semente recebida. Contudo, por falta de raiz não têm estabilidade e, diante das tentações e provações da vida, logo desistem. Não possuem o firme fundamento para as horas difíceis da vida.

Muitos caem entre os espinhos e são sufocados pelas preocupações, riqueza e prazeres da vida. Vivem como iludidos, isto é, depositam toda a sua vida naquilo que é passageiro e não no que é eterno. Os frutos desses nunca chegam a amadurecer. São como as nuvens que ora aparecem e, logo após, desaparecem furtivamente.

Podemos também nos ver como semeadores, isto é, como discípulos e missionários que percorrem os caminhos semeando a Palavra que é Jesus Cristo. A semente é e sempre será boa.

Mas existem também aqueles que caem na terra boa. Estes ouvem com o coração ávido, aberto e generoso. Não escutam por obrigação, como se não tivessem outra opção. Estão abertos para a Palavra que transforma a tudo e a todos. Ouvem mas também conservam a Palavra. Não se relacionam com a Palavra como se fosse algo provisório. Trazem a eternidade para dentro do coração e, consequentemente, dão fruto na perseverança. As sementes lançadas por Jesus têm como fim último dar fruto. Por isso, vamos sempre olhar para o solo dos nossos corações a fim de observar que tipo de planta está crescendo dentro de nós.

O tipo de terreno do nosso coração determinará se teremos boa ou desagradável produção. Por isso, pelo menos três palavras se destacam nesse belíssimo texto, a saber, *ouvir*, *guardar* e *frutificar*. São expressões que necessariamente precisam andar juntas para que o resultado positivo seja alcançado. De nada vale uma sem as outras duas e, além disso, uma nunca é mais importante do que a outra. As três fazem parte de um mesmo e só processo. Saber vivenciar essas expressões é um dos maiores desafios que temos como discípulos e missionários de Jesus Cristo. Quando assim fazemos, descobrimos que nada pode desanimar os semeadores da Palavra de Deus. Sobre eles podemos dizer que são apóstolos de pés incansáveis. E por isso sempre serão considerados exemplos de vocação e de perseverança" (colaboração: Luiz Alexandre Solano Rossi).

PARA PENSAR

A semente da Palavra é sempre eficaz por si mesma, mas será que somos aquele solo bom para fazer essa semente brotar, crescer e dar fruto? Podemos opor-lhe resistência com a nossa má vontade de ouvir e levar a sério o que a Palavra nos orienta. Deus se dirige a nós, mas espera pela nossa liberdade para responder-lhe sim ou não. Esse é o mistério do relacionamento entre a graça e a nossa liberdade. O nosso sim significa que acolhemos a Palavra até o ponto de ela produzir os frutos das boas ações.

Jesus nos ensina que o seu seguidor necessita desenvolver algumas atitudes básicas: "O que caiu em terra boa são aqueles que, ouvindo com um coração bom e generoso, conservam a Palavra e dão fruto pela perseverança" (Lc 8,15). Assim, três palavras-chave resumem a condição de ser discípulo de Jesus: *ouvir, guardar, frutificar*. Esse amor cresce e toma forma à medida que ouvimos a Palavra e a colocamos em prática. Por isso, aquele que segue o Senhor faz brotar a semente e produz fruto, oitenta... cem por um, segundo a medida de sua adesão e confiança no Senhor.

Lucas vai pintar os traços da figura de Maria, a Mãe de Jesus. Mostra que ela tem exatamente as qualidades que caracterizam o seguidor de Jesus. Maria ouve a Palavra de Deus com fé, guarda no coração e a põe em prática.[1]

Somos discípulos para seguir o Senhor, colocando-nos à disposição do seu plano e não o obrigando a se curvar às nossas necessidades imediatas. Por isso, a sabedoria da parábola alerta para que a Palavra, tal como a semente, não caia à beira do caminho, de qualquer maneira, sem chegar a lugar nenhum, de forma que os pássaros a comam, ou brote entre as pedras e espinheiros.

---

[1] Cf. MURAD, Afonso. *Maria, toda de Deus e tão humana*. São Paulo: Paulinas/ Siquem, 2004. pp. 33-34. (Livros básicos de teologia, n. 8.2).

PARA VIVENCIAR

Plante um grão de feijão num pequeno recipiente, o qual pode conter um pedaço de algodão ou um pouco de terra.

Aproveite para contemplar o crescimento do broto, dia após dia...

O que se pretende é o amadurecimento da fé para uma vida plena da presença de Deus.

Chamar a atenção para o fato de que a semente já traz consigo toda a potência da árvore grande, mas são necessários tempo, terra boa, água, sol, cuidado... para ela se desenvolver adequadamente. E conosco também é assim, para crescermos e ser adultos? O que é necessário para sermos terra boa e produzir frutos para Deus?

A fé é seguimento de um caminho estreito proposto pelo Senhor, que nos conduz ao essencial: ao seu amor. Nesse percurso, a *Parábola da semente* nos ajuda a entender o essencial da vida de Deus em nós. Precisamos ser a terra boa, macia e pronta para receber a semente da Palavra, o que mostra a necessidade da permanente atitude de escuta da Palavra e a adesão à vontade do Senhor. O amor do Senhor em nós cria uma estreita relação de amizade e correspondência de ambas as partes.

Quais os frutos que a Palavra de Deus está produzindo na nossa vida e na nossa comunidade?

PARA CELEBRAR

1º passo: O catequista indica um livro do evangelho para ser pesquisado pelas crianças. Cada uma delas deverá escolher um ou dois versículos do seu gosto.

2º passo: Em clima de silêncio e em tom de oração, o catequista convida cada uma para ler duas vezes a passagem escolhida.

Se for conveniente, faz-se a partilha dos textos proclamados.

28º encontro

O bom samaritano

PREPARANDO O AMBIENTE

Prepare a encenação da parábola com as crianças, atualizando-a no contexto de nossa sociedade.

ORAÇÃO

Catequista: Vamos rezar um trecho de duas orações eucarísticas para a missa com crianças. Na missa esta oração é sempre rezada por aquele que preside a missa. Notem como as orações apresentam Jesus bem próximo de nós.

Todos: ó Pai, vós sois muito bom:
amais a todos nós
e fazeis por nós coisas maravilhosas.
Vós sempre pensais em todos
e quereis ficar perto de nós.
Mandastes vosso Filho querido
para viver no meio de nós.
Jesus veio para nos salvar:
curou os doentes,
perdoou os pecadores.
Mostrou a todos o vosso amor, ó Pai;
acolheu e abençoou as crianças.

Bendito o que vem em nome do Senhor.
Hosana nas alturas![1]
Louvado seja vosso Filho Jesus,
amigo das crianças e dos pobres.
Ele nos veio ensinar
a amar a vós, ó Pai, como filhos e filhas,
e amar-nos uns aos outros, como irmãos e irmãs.
Bendito o que vem em nome do Senhor.
Hosana nas alturas!
Jesus veio tirar do coração
a maldade que não deixa ser amigo e amiga
e trazer o amor que faz a gente ser feliz.
Ele prometeu que o Espírito Santo
ficaria sempre em nós
para vivermos como filhos e filhas de Deus.
Bendito o que vem em nome o Senhor.
Hosana nas alturas![2]

TEMA

Leitura bíblica: Lc 10,25-37.

"O objetivo de Lucas é mostrar à comunidade e às suas lideranças como devem viver e agir de acordo com a vontade de Deus. Quando interrogado a respeito do primeiro mandamento, o intérprete da Lei responde corretamente a partir de uma formulação resultante de Dt 6,5 e de Lv 19,18. Jesus o elogia, mas segue adiante em sua reflexão. Às vezes somos cristãos apenas pela metade! Aquele escriba não tinha dificuldade de amar a Deus. Contudo, ele não sabia como amar o próximo. Talvez nem mesmo soubesse reconhecer quem seria seu próximo.

O diálogo é iniciado com uma pergunta teológica: "O que devo fazer para ter a vida eterna?". A resposta de Jesus faz com que voltemos os olhos para o tema do amor e da solidariedade.

---

[1]   Oração Eucarística com crianças I.
[2]   Oração Eucarística com crianças II.

Para explicar a vida eterna, Jesus usa o que de mais concreto existe: a própria vida. Como poderíamos pensar que o amor se resumiria apenas em amar a Deus e viver de maneira contrária em relação ao próximo? Amamos a Deus, que não vemos, a partir do momento que também amamos nossos irmãos aos quais vemos.

A parábola contada por Jesus é exemplar: tanto o levita quanto o sacerdote, a caminho de Jericó, podendo fazer diferença na vida daquele que estava caído e machucado, resolveram continuar adiante. Estavam muito possivelmente cheios de doutrinas religiosas, mas vazios de prática. A religião que eles fomentavam no coração não os ajudava a viver solidariamente. Eles não tinham condições de romper com a invisibilidade que marcava a vida do próximo. Viviam uma religião que olhava mais interessadamente para si mesmo e se esqueciam de que a verdadeira religião é composta de olhares externos. É o próximo que define quem somos!

Jesus desloca o foco da discussão da teoria para a prática. De nada adianta saber muito e não fazer nada. Do que adianta ter muito conhecimento e não saber o que fazer com ele? No verso 33 a parábola toma um rumo inesperado. Jesus escolhe um terceiro personagem para compor a parábola e que certamente deve ter ferido os sentimentos e ouvidos dos israelitas. Ele escolhe um samaritano para cumprir o mandamento do amor. Os samaritanos eram considerados mestiços e não eram bem-vistos pelos judeus nos dias de Jesus. O relacionamento entre esses dois grupos – judeus e samaritanos – havia chegado a um máximo de tensão, quando os samaritanos profanaram o pátio do Templo, espalhando nele ossos humanos, por ocasião de uma festa pascal. Existia um ódio mortal entre eles que não permitia nenhum tipo de reconciliação. A escolha de Jesus por um samaritano nos ensina que o mandamento do amor não conhece limites e limitações.

Nos versos 34-35 lemos em detalhes a ação misericordiosa e solidária do samaritano: cura as feridas daquele que estava machucado e jogado pelo caminho, coloca-o sobre a montaria, leva-o a uma hospedaria e por ele vela. Mais do que isso, quando segue viagem, paga ao proprietário da hospedaria, assumindo assim responsabilidade sobre as despesas que venham a surgir. Não existem barreiras. Não há lugar no coração do samaritano para o preconceito. O preconceito faz com que surjam muros que nos separam uns dos outros. Mas o amor faz com que solidariamente construamos pontes em direção ao próximo. "Quem é meu próximo?" É uma pergunta que não pode ficar sem resposta. "Vai e faze o mesmo" continua tendo o mesmo valor de antes. Somente quando chegarmos a esse ir e fazer é que estaremos libertos das prisões que delimitam nossa forma de amar. É preciso ter em mente que apenas conhecer a história do bom samaritano não é suficiente. Conhecimento sem prática não nos leva a lugar algum!" (colaboração: Luiz Alexandre Solano Rossi).

PARA PENSAR

É muito mais comum pensarmos em nossos interesses antes de qualquer outra coisa. Veja, surgiu até o fenômeno da invisibilidade, ou seja, tropeçamos em alguém caído na calçada e nem o enxergamos, não faz a menor diferença. E se observamos aqueles que garimpam as lixeiras, atrás de alguma coisa para reciclar ou até para comer, o que poderemos fazer para isto não continuar acontecendo?

O modo de agir do samaritano, socorrendo gratuitamente o judeu, sem levar nenhuma vantagem para si, criou o costume de chamar "samaritano" todo aquele que faz o bem desinteressadamente. Normalmente, em nossa comunidade, ou em nosso bairro, ou escola encontramos associações, movimentos, pastorais, grupos de pessoas que se unem para atuar em favor dos que mais sofrem com a pobreza ou indigência.

Identifique no seu bairro ou escola alguma instituição ou grupo de ação de pessoas que mereça o título de "samaritana".

Verifique se em sua comunidade paroquial funciona alguma pastoral social. Qual ou quais? Por pastoral social chamamos aqueles grupos organizados que atuam em favor da criança de 0 a 7 anos, dos pobres (vicentinos), do sofredor de rua, da criança ou adolescente desprotegidos (pastoral do menor), da sobriedade...

A doação total de Cristo na cruz nos convida a entrar em comunhão com ele, para que a nossa vida também seja doada em favor dos que sofrem ou andam tristes. Isto já é a vivência do sacramento da Eucaristia em sua forma mais verdadeira.

Em nosso coração vamos tomar um sério propósito: fazer o bem a todos, o mal a ninguém! Pense nisto.

Procure encenar novamente a parábola, agora, recriando-a com as situações de hoje.

PARA VIVENCIAR

Fiquemos atentos às mobilizações que a sociedade faz em defesa de causas comuns, mas que não são do interesse de grupos econômicos. Ser samaritano hoje implica, sobretudo, desenvolver uma consciência política de inclusão do marginalizado na sociedade, na defesa dos interesses dos mais pobres.

Nem sempre o gesto de oferecer uma esmola para alguém na rua é a melhor forma de praticar a caridade. Este ato poderá reforçar a pessoa a permanecer na rua e a não buscar uma solução mais digna, para a sua situação junto aos órgãos públicos. É melhor se comprometer com uma ONG que tenha finalidade de prestar socorro social. Lá as pessoas são atendidas com dignidade.

Outra forma samaritana de agir é prestar serviços voluntários tanto em situações de emergência quanto de maneira mais frequente em ONGs. Por exemplo, há hospitais que acolhem os doutores do riso, pessoas que se dedicam a alegrar as crianças internadas. O mais prático é começar a ser bom com aqueles que estão ao seu lado na escola, em casa, nas vizinhanças. Vale a pena ser bom com todos.

PARA CELEBRAR

Dispor de um pouco de azeite, colocado próximo do livro da Bíblia.

Todos se põem uns minutos em silêncio.

O catequista proclama calmamente: Mc 9,33-37 – *Quem é o maior?*

Explica brevemente a passagem, especialmente: "Se alguém quiser ser o primeiro, seja o último de todos, aquele que serve a todos!" (v. 35).

Depois toma o recipiente com óleo nas mãos e explica:

Catequista: Assim como o samaritano aproximou-se do judeu caído e tratou-lhe as feridas, derramando nelas óleo e vinho, agora, as crianças terão seus pulsos ungidos, para que todas tenham força e coragem para ajudar o outro em todas as circunstâncias da vida.

(O catequista realiza o gesto. Conclui com a oração do Pai-nosso.)

29º encontro

Jesus ensina a rezar o Pai-nosso

PREPARANDO O AMBIENTE

No centro de um painel (feito com cartolina), escreva PAI, destacando o termo. Os catequizandos ficam em volta do cartaz. Cada um deles deve registrar o que a palavra Pai lhes significa, preenchendo o painel.

Importante: recomenda-se a exibição de um vídeo, que narre, em síntese, a vida de Jesus, desde seu nascimento, ensino, até os seus momentos finais. É um instrumento útil para a recapitulação e fixação do conteúdo desta unidade.

ORAÇÃO

Ao som de uma canção, peça que os catequizandos troquem de lugar, de forma que todos possam ler os registros realizados no painel e refletir sobre eles. Questione-os para que observem a existência de diferentes significados a partir da experiência de cada um.

Entregue a cada catequizando um envelope contendo a oração do Pai-nosso. Peça que a leiam primeiro silenciosamente e, em seguida, em voz alta.

TEMA

Ressalte a paternidade divina que supera e vai além da imagem e da experiência de pai que cada um tem com seu próprio genitor. A oração nos abre para a fraternidade universal, afinal, temos um pai em comum, que nos coloca no horizonte do Reino e mostra que a nossa relação com Deus é perfeita quando o acolhemos plenamente em nossa vida, predispondo-nos a fazer a vontade dele, e não a nossa.

PARA PENSAR

Jesus nos ensina a orar e nos mostra o que é essencial na relação de Deus-Pai com os seus filhos. Segundo Mt 6,7-15 e Lc 11,1-4, somos orientados por Jesus a não usar muitas palavras na oração, como faziam os fariseus de seu tempo, que gostavam de mostrar que estavam orando. Ele sabe o que nos é necessário antes mesmo de lhe pedirmos.

Jesus quer que oremos a Deus com simplicidade e confiança. Não há uma fórmula para falar com Deus. O importante é ter uma atitude de entrega e de confiança no seu amor. Jesus sempre se referiu a Deus como um Pai, de modo que a ele é direcionada a prece. Mas por que reconhecê-lo como Pai? O que Jesus quer dizer com isso? Em que sentido Deus é Pai para nós?

A aceitação desse fato implica outro muito importante. Se somos todos filhos dele – Pai amoroso, infinitamente justo e bom –, então somos todos iguais perante ele, vinculados ao próximo. Ele é o Pai comum de todos, aceita-nos como filhos e deseja que formemos a grande família humana, a dos filhos de Deus, sem que uns vivam na miséria e outros na opulência e no luxo.

A entrada de Jesus em nosso mundo inaugurou o Reino de Deus aqui na terra. Viver como cidadão do Reino significa que não andamos segundo o espírito do mundo, que divide e cultua a fama e a riqueza, mas acolhemos o primado de Deus em nossa vida, que estabelece uma nova maneira de nos relacionarmos com ele, com os outros e com a natureza. Somos filhos, irmãos uns dos outros e protetores da natureza – nossa casa.

Jesus disse muitas vezes que veio a este mundo para fazer a vontade do Pai (Jo 4,34; Lc 22,42). A felicidade do cristão consiste em realizar em si mesmo a vontade de Deus, isto é, viver o amor até o fim, assim como seu Filho amado nos ensinou no seu Evangelho. Sua vontade nos leva a crescer sempre mais como pessoas, segundo a trilha do Evangelho: solidariedade, fraternidade, justiça, respeito pela dignidade humana...

Deus quer sempre o bem de seus filhos, nunca o mal. O sofrimento, o mal e as doenças decorrem de nossa natural limitação humana e das consequências de nossos pecados, que geram a violência, a dor, as guerras, a fome... O Pai quer que vivamos intensamente o projeto de Jesus em nossa vida e que lutemos contra toda forma de escravidão para sermos verdadeiramente irmãos.

PARA VIVENCIAR

Entregue a cada catequizando uma tira de papel e peça que escreva o trecho do Pai-nosso que mais lhe chamou a atenção. Faça uma pausa após todos terem escrito, de forma que reflitam sobre seus registros. Cada um apresenta ao grupo o trecho escolhido e justifica sua escolha. Esse é um momento de reflexão muito importante para a maturidade do grupo.

PARA CELEBRAR

Qual a resposta de Deus para nossa oração?

Leia pausadamente cada trecho do Pai-nosso, levando o catequizando a pensar na resposta pessoal de Deus para ele. É importante que o grupo tenha a cópia do esquema relacionado a seguir, para que, durante a semana, possa preenchê-lo e apresentar no próximo encontro. De mãos dadas, oriente o grupo a pensar sobre o que nos diria Deus nesta conversa:

Nós: Pai nosso, que estais no céu.

Deus: _____

Nós: Santificado seja o vosso nome

Deus: _____

Nós: Venha a nós o Vosso Reino.

Deus: _____

Nós: Seja feita a vossa vontade assim na terra como nos céus.

Deus: _____

Nós: O pão nosso de cada dia nos dai hoje.

Deus: _____

Nós: Perdoai as nossas ofensas,
assim como nós perdoamos a quem nos tem ofendido.

Deus: _____

Nós: E não nos deixeis cair em tentação.

Deus: _____

Nós: Mas livrai-nos do mal.

Deus: _____

Nós: Amém.

Entrega do Creio e do Pai-nosso

Com antecedência, explique o significado da expressão "Símbolo da fé" ou "Oração do Creio". A palavra símbolo indica aquilo que nos une; no caso, professamos a mesma fé em Deus Trino. Assim, a oração do Creio torna-se o elemento de unidade e comunhão no mesmo ato de fé.

Depois da catequese sobre o Pai-nosso, é hora de celebrar a entrega do Creio[1] e do Pai-nosso.[2]

"Convém que a celebração seja feita em presença da comunidade dos fiéis depois da liturgia da Palavra na missa."[3]

LITURGIA DA PALAVRA COM HOMILIA

Quem preside, baseado no texto sagrado, expõe o significado e a importância do Creio para a catequese e a profissão de fé, que deve ser proclamada no Batismo e praticada durante toda a vida.

Entrega do Creio

Depois da homilia, o **diácono** ou um **catequista** diz:[4]

Aproximem-se os catecúmenos e os catequizandos para receberem da Igreja o Creio.

---

[1] RICA, nn. 125, 181-187.

[2] RICA, nn. 188-192.

[3] RICA, n. 182. Sugerimos ser mais conveniente que esta celebração seja dominical. Os outros catequizandos igualmente receberão o Creio e a Oração do Senhor.

[4] RICA, n. 186.

Quem preside dirige estas palavras ou outras semelhantes:

Caríssimas crianças, agora escutarão as palavras da fé pelas quais vocês serão salvas. São poucas, mas contêm grandes mistérios. Recebam e guardem essas palavras com pureza de coração.

Quem preside começa o Creio, dizendo:

Creio em Deus Pai... *(e continua sozinho ou com a comunidade dos fiéis)*.

Oração sobre as crianças

O **diácono** ou outro **ministro** convida as crianças a se ajoelharem.

Quem preside *(diz com estas palavras ou outras semelhantes)*:

Oremos pelos nossos catecúmenos e crianças: Que o Senhor nosso Deus abra os seus corações e as portas da misericórdia para que possam receber nas águas do Batismo e nas lágrimas da penitência o perdão de todos os seus pecados e a alegria de viver sempre em Cristo.

Todos: Amém.

Quem preside *(com as mãos estendidas sobre os candidatos)*:

Senhor, fonte da luz e da verdade, imploramos vosso amor de Pai em favor destes vossos servos: purificai-os e santificai-os; dai-lhes verdadeira ciência, firme esperança e santa doutrina para que se tornem dignos da graça do Batismo *(que já receberam ou que vão receber)*. Por Cristo, nosso Senhor.

*(De forma semelhante, **quem preside** poderá entregar a oração do Pai-nosso, recomendada pelo RICA, nn. 188-189; 86; 191-192. Sugerimos que seja feita livremente no momento desta oração durante a missa.)*

Unidade IV
A Páscoa de Cristo

Objetivo específico da unidade: reconstruir o Mistério Pascal para associá-lo à Eucaristia e às lutas do cristão.

Compreende seis encontros e *três encontros com os pais ou responsáveis*, os quais se encontram no Livro da Família. O ensinamento e a prática de Cristo confrontam-se com as autoridades civis e religiosas, por isso sua morte é decretada. Quando morrem todas as esperanças, o Pai derrama o seu Espírito vivificador e toda a humanidade tem a vitória garantida sobre a morte e a degradação humana. O Ressuscitado vive e nele alcançamos a vida eterna.

30º encontro

Bem-aventuranças

PREPARANDO O AMBIENTE

Escreva no quadro perguntas sobre a atitude de Jesus diante da fome, doença, discriminação, exploração...

ORAÇÃO

Reze pausadamente o Pai-nosso e depois comente sobre a petição que as crianças mais gostaram e por quê.

TEMA

Leitura bíblica: Mt 5,1-12.

"As bem-aventuranças podem ser reconhecidas como o caminho da verdadeira realização humana. Mas é importante salientar que se trata da realização humana, ou seja, a relação é com a coletividade, a família, o grupo, e jamais individual. Muitos procuram somente a própria realização e assim acabam por criar um mundo reduzido a si mesmos.

As bem-aventuranças querem instituir um grande "não" a todo e qualquer projeto individualista que vira as costas para o outro e, ao mesmo tempo, um grande "sim" para todos aqueles que edificam a si mesmos, ajudando os demais a se edificarem. E certamente que existem muitas pessoas verdadeiramente preocupadas em construir um mundo novo e mais feliz. E, nesse sentido, as bem-aventuranças são como a planta de uma casa que nos ajuda na sua construção.

Mas é importante lembrar que se trata de uma casa comum! Não se trata de um exercício de individualismo ou de uma orientação para a conquista do sucesso e da felicidade pessoal. Ao contrário, são afirmações de como podemos construir uma comunidade e vivermos solidariamente nela. Jesus está no centro, logo após ele se encontra com os discípulos e, depois, com as multidões.

Pela primeira vez Mateus usa a palavra discípulo. Uma palavra que somente aparece nos evangelhos e nos *Atos dos Apóstolos*. A primeira e a última bem-aventurança se correspondem. Em ambas o verbo está no presente e a promessa é a mesma, isto é, *deles é o Reino de Deus*. Todas as outras se encontram no futuro. Mas não devemos entender como um futuro distante e inalcançável. São, mais do que isso, indicadores de caminhos a seguir na própria história. Bem-aventuranças que indicam os caminhos pelos quais os discípulos devem trilhar em seu próprio cotidiano.

As bem-aventuranças trabalham com uma lógica toda própria. Nessa lógica prevalece a inclusão. Numa sociedade marcada pela exclusão social, econômica e política, os pequeninos são recebidos e convidados a se tornarem comunidade. A partir deles será possível escrever uma nova história em que eles sejam protagonistas e não vítimas daqueles que pretensamente controlam tudo e todos.

As bem-aventuranças podem ser vistas como o anúncio da felicidade, desde que vejamos essa felicidade também nos olhos de todas as outras pessoas com as quais convivemos. A nova forma de viver em sociedade – a partir do modelo das bem-aventuranças – tem em Deus seu firme fundamento. Ela somente se estabelece por causa dele e, consequentemente, ao se estabelecer alicerçada nos fundamentos da justiça e da liberdade nega, de forma absoluta, toda e qualquer ação que provoque a injustiça e a escravidão. O ensino de Jesus, endereçado aos camponeses, funcionava como um guia para uma ética comunitária interna em que mutualidade e solidariedade eram os valores primários" (colaboração: Luiz Alexandre Solano Rossi).

Ajude as crianças a compreender a prática libertadora de Jesus em seu tempo. Converse com elas sobre a diferença entre as bem-aventuranças do Reino e as do mundo, questionando-as por que esse modo de agir suscitava perseguição contra Jesus, especialmente da classe religiosa e dos romanos. Narre a vida de padre Josimo como exemplo de pessoa perseguida e bem-aventurada.

PARA PENSAR

Todo ser humano anseia ser feliz. Vive buscando a felicidade, porque deseja encontrar-se consigo mesmo. As bem-aventuranças indicam-nos o caminho da verdadeira realização humana. São o eixo da pregação de Jesus, caracterizam a autêntica vida cristã e desvendam ao ser humano o fim último do seu agir: a bem-aventurança eterna.[1]

O caminho de vida de Jesus contraria frontalmente os ideais de sucesso e de felicidade apregoados pelo mundo que são "corroídos pela traça e pelo caruncho" (Mt 6,19). A lei do mundo valoriza a grandeza, o poder, a fama e exclui o pobre. Os ricos e os poderosos são exaltados, por isso, na maioria das vezes, suas obras trazem o selo da ganância, da vaidade e da soberba, fruto do pecado. São bem-aventurados os que têm muito dinheiro, alcançaram a fama e possuem belo aspecto corporal etc.

Jesus não exclui ninguém do banquete da vida, segue a lógica da inclusão, privilegiando as relações humanas de justiça, de valorização da pessoa, de serviço e doação ao outro, que é considerado irmão e não concorrente. Por isso são bem-aventurados os pobres, porque deles é o Reino de Deus, ou aqueles que agora têm fome, porque serão saciados (Lc 6,20.21a).

As atitudes de Jesus favorecem os mais pobres e exigem mudanças na maneira de organizar a sociedade. Ele tem consciência de que as novas relações estabelecidas pelo Reino propõem um

---

[1] Cf. *Compêndio do Catecismo da Igreja Católica*, n. 359.

novo modelo de sociedade, mais igualitária, fraterna e solidária. Sabe que isso desperta o rancor e a perseguição das autoridades políticas e religiosas que não querem mudanças.

Daí, a grande bem-aventurança que resume as demais: "Bem--aventurados os que são perseguidos por causa da justiça, porque deles é o Reino dos Céus" (Mt 5,10). O confronto com as autoridades, motivado pelas atitudes de Jesus em favor dos deserdados deste mundo, o levaria a ser condenado a morrer na cruz.

PARA VIVENCIAR

Peça que os catequizandos respondam, por escrito e com a ajuda dos familiares, às questões relacionadas a seguir para serem comentadas no próximo encontro.

1. No seu tempo, Jesus estava preocupado em tornar-se famoso?
2. Quais as pessoas que ele mais defendia?
3. No seu modo de agir, o que ele mais valorizava?
4. Por que foi perseguido?

ORAÇÃO

Cada criança escolhe uma palavra, relaciona com as bem--aventuranças (Amor – Paz – Solidariedade – Partilha – Amizade – Fé – Natureza – Jesus) e faz uma oração.

O Evangelho será proclamado com solenidade e, para isso, convide três ou quatro crianças para lê-lo em forma de jogral. Coloque a Bíblia no centro da mesa e uma vela acesa ao lado. O Evangelho é a grande notícia de Deus para a humanidade, e essa Boa-Notícia é Jesus; por isso, o aclamamos cantando ou repetimos três vezes o Aleluia, como é feito na missa.

Todos ficam de pé.

Catequista: Aclamemos o Evangelho cantando a Cristo!

(Canto próprio ou "Aleluia! Aleluia! Aleluia!".)

Catequista: Queridas crianças, o Senhor esteja convosco!

Catequizandos: Ele está no meio de nós!

Catequista: Proclamação do Evangelho de Jesus Cristo segundo Mateus! *(Traçar o sinal da cruz na testa, na boca e no peito.)*

Catequizandos: Glória a vós, Senhor!

Proclame Mt 5,1-12.

No final, todos beijam o livro do Evangelho, fica-se um tempo em silêncio e cada um faz sua prece, anteriormente preparada. O catequista dá a bênção final.

Quem ama arrisca a própria vida[2]

Padre Josimo foi um sacerdote diocesano que nasceu e viveu em Tocantins. Para ele, foram grandes as consequências de assumir seu Batismo e seguir o chamado de Deus até o fim.

Conta sua mãe que ele nasceu na beira do açude, onde ela estava lavando roupa. Não havia ninguém para ajudar no parto e ela pediu a proteção de Deus. Lavou o menino com sabão caseiro e água fria do açude, enrolou-o nas roupas que ia lavar e pediu a Deus que a ajudasse a cuidar dele. E Deus levou muito a sério o pedido daquela humilde mãe.

O menino cresceu e se tornou um padre de muita oração e fé; por isso, teve forças para viver sua vocação batismal e sacerdotal. Era um homem do povo, defensor dos pobres, que lutava

---

[2] Texto extraído de: CNBB – Equipe de Animação Bíblico-catequética do Regional Centro-oeste. *Viver em Cristo*; caminho da fé com adultos. São Paulo: Paulinas, 2006. pp. 47-48.

pela justiça. Esqueceu de si e enfrentou ameaças e perseguições por estar no meio dos injustiçados; por esse motivo, transformou-se em um mártir da libertação e da esperança. Morreu na luta pela justiça e pela reforma agrária. Foi assassinado, com dois tiros pelas costas, no sábado de 10 de agosto de 1986. Seu testamento espiritual é um ato de amor e de fé na vocação: "O que vem acontecendo comigo se resume em eu ter sido chamado por Deus para a vocação sacerdotal, ter-me ordenado para servir o povo e ter correspondido a esse chamado".

31º encontro

Jesus celebra a Páscoa

PREPARANDO O AMBIENTE

Providencie jarra, bacia e toalhas para o lava-pés. Previamente, combine com alguns catequizandos que terão seus pés lavados e que lavarão os pés do colega.

ORAÇÃO

Todos permanecem de pé e em silêncio. O leitor 1 e o leitor 2 fazem a parte de Jesus, ou seja, proclamam o Evangelho (Lc 22,7-13 – *Preparativos da ceia pascal*).

Leitor 1: Jesus celebrou a Páscoa. Festa da libertação em que os judeus foram libertos da escravidão do faraó e atravessaram o mar a pé enxuto. Naquela noite memorável, o sangue do cordeiro sacrificado foi utilizado para marcar as portas das casas dos judeus e, assim, afastou a ira do anjo exterminador. Também, no deserto, o sangue do cordeiro imolado selou a aliança que Moisés estabeleceu com Deus em nome do povo eleito.

Leitor 2: Jesus dá um novo significado para a Páscoa. Ele é o cordeiro que tira o pecado do mundo, que sela uma nova aliança entre Deus e a humanidade com seus braços abertos na cruz.

Todos: Cordeiro de Deus que tira o pecado do mundo, tende piedade de nós. (bis)

Cordeiro de Deus que tira o pecado do mundo, dai-nos a paz.

TEMA

Leitura bíblica: 1Cor 11,23-26 – *A ceia do Senhor.*

Retome a celebração da Páscoa antiga e explique que Jesus a celebra e lhe dá um novo sentido. Situe a morte de Cristo no contexto pascal, em que sua vida nos é dada para a salvação da humanidade. É o memorial do seu amor levado às últimas consequências; por isso, é igualmente sinal de amor, doação e ajuda ao outro, até o ponto de se humilhar lavando os pés dos discípulos.

PARA PENSAR

Jesus, seguindo o costume de seus irmãos judeus, celebrava todos os anos a Páscoa em memória dos acontecimentos do Êxodo, em que se deu a fuga da escravidão do Egito. A celebração ritual da Páscoa judaica é substituída pela Eucaristia: "Fazei isto em memória de mim". Essa é a celebração sacramental nova, festa do novo êxodo pascal de Cristo.

Jesus celebrou a Páscoa com um novo sentido. Ele tomou os elementos da Páscoa celebrada desde o tempo de Moisés e aplicou-os a si mesmo. Isso aconteceu às vésperas de ser entregue e condenado à morte. Antecipadamente, ele celebrou em forma de ceia pascal o que iria acontecer no calvário no dia seguinte.

Nessa ceia, ele bendisse a Deus sobre o pão sem fermento que era partido e distribuído, e viu nesse gesto o sacrifício do seu corpo imolado na cruz e dado como alimento. Nela, tomava-se vinho e comia-se o carneiro sacrificado, cujo sangue selou a primeira aliança entre Deus e o povo e também poupou da morte os primogênitos. Jesus é o novo cordeiro que tira o pecado do mundo, seu sangue redentor derramado na cruz perdoa todo pecado.

Sua morte é Páscoa, mostra a intervenção do Pai que salva a humanidade pelo amor do seu Filho levado às últimas consequências. Jesus, o Filho de Deus encarnado, entende a sua vida e a sua missão como serviço de amor à humanidade. Ele se doa inteiramente. Essa doação é a concretização do seu amor. "Antes da festa da Páscoa, sabendo Jesus que chegara a sua hora de passar deste mundo para o Pai, tendo amado os seus que estavam no mundo, amou-os até o fim" (Jo 13,1).

Recordamos com admiração o gesto do adolescente Lucas Vezzaro, que, aos 14 anos, consumou plenamente o dom de si após salvar, um a um, três colegas do ônibus escolar que caiu na represa aos 17 de setembro de 2004, em Erechim (RS). Bom nadador, começou a ajudar os colegas, em vez de procurar a segurança da margem do lago. Primeiro, agarrou sua prima Daiane e a arrastou para a beirada da represa, depois Márcia, em seguida Angélica; na quarta vez já não voltaria mais.

Recorda a mãe: "Lucas era um menino que nunca conseguiu ver alguém em dificuldade sem oferecer ajuda". Era filho único. Após o almoço, lavava a louça, passava aspirador de pó na casa, varria o quintal, cuidava da horta e fazia a lição de casa. Mesmo com tanto afazeres, ainda achava tempo para o futebol com os amigos (cf. SCHELP, Diogo. O pequeno grande herói. Revista *Veja*, 29 de setembro de 2004).

Viveu, como Jesus, a máxima oferta eucarística: "Ninguém tem maior amor do que aquele que dá a sua vida pelos seus amigos" (Jo 15,13).

PARA VIVENCIAR

Páscoa é passagem da morte à vida. Significa morrer para o comodismo, a preguiça e a mentira, doando a própria vida, como

Jesus. Assim, vamos nos esforçar para sermos mais solidários com os colegas, ter espírito, vontade e atitudes de colaboração e serviço. Nossos pais trabalham muito para que não nos falte o necessário em casa. E nós, em que contribuímos? Jesus vai adiante de nós e doa toda a sua vida.

Anualmente, na Quinta-feira Santa, a Igreja celebra a missa da ceia do Senhor, na qual comemoramos Jesus que nos entrega o mandamento e o sacramento do amor.

PARA CELEBRAR

Comentarista: Cristo mostra a relação que existe entre dar a vida na cruz e o serviço humilde de lavar os pés. É um gesto através do qual o Senhor deseja fazer compreender o sentido profundo da sua missão redentora: um serviço de amor a Deus e ao ser humano, que tem seu ponto alto na paixão e na morte. Assim, também, o pão e o vinho partilhados são os sacramentos do seu corpo entregue e do seu sangue derramado como serviço de amor e de solidariedade.

Leitor 1 faz a parte de Pedro; **leitor 2**, a de Jesus na proclamação de: Jo 13,1-17. Em seguida, o **catequista** explica o valor do gesto de Jesus, que, como Mestre e Senhor, lavou os pés dos apóstolos e pede que nós o imitemos.

Comentarista dá sequência ao lava-pés com aqueles que foram previamente orientados e preparados. Todos cantam.

Leitor 1 *(o primeiro a lavar o pé)*: "O Filho do Homem não veio para ser servido, mas para servir e dar a sua vida em resgate por muitos" (Mt 20,28).

Leitor 2 *(o segundo a lavar o pé)*: "Se alguém quiser ser o primeiro, seja o último de todos e o servidor de todos" (Mc 9,35).

Leitor 3 *(o terceiro a lavar o pé)*: "Vós sois meus amigos, se praticais o que vos mando. Isto vos mando: amai-vos uns aos outros" (Jo 15,14.17).

Recomenda-se cantar:

Eu quis comer esta ceia agora, pois vou morrer, já chegou minha hora.

Comei, tomai: é meu corpo e meu sangue que dou. Vivei no amor, eu vou preparar a ceia na casa do Pai.

Ou outro canto com essa temática.

(Comentarista *convida para a oração do Pai-nosso.)*

32º encontro

Jesus morre na cruz

PREPARANDO O AMBIENTE

No centro da sala, coloque uma mesa com uma toalha vermelha. Sobre ela, ponha um crucifixo (de preferência de madeira) e uma coroa feita de galho seco.

ORAÇÃO

Convide os catequizandos a ficarem de joelhos em sinal de humildade e adoração diante da cruz do Senhor. Faça uma breve memória do sofrimento de Cristo com o Salmo 2, a oração sobre o justo perseguido. Jesus foi crucificado e morto na cruz porque era justo. Recomenda-se salmodiar alguns versos do Salmo 2 e, após um minuto de silêncio, rezar:

Catequista: Ó Deus, pela vossa graça, nos fizestes filhos da luz. Concedei que não sejamos envolvidos pelas trevas do erro, mas brilhe, em nossas vidas, a luz da vossa verdade. Por nosso Senhor Jesus Cristo, vosso Filho que morreu na cruz por todos nós, na unidade do Espírito Santo.

Catequizandos: Amém!

O catequista oferece o crucifixo para cada criança beijá-lo.

TEMA

Leitura bíblica: Jo 18,1-19,42 – *A paixão de Cristo*.

João traça uma imagem diferente do Mestre: Jesus não chora nem se angustia no Getsêmani; ao ser indagado para ser preso, Jesus adianta-se, identifica-se, entrega-se e pede que os outros, os apóstolos, sejam deixados livres, inclusive Pedro, que decepara a orelha do servo do sumo sacerdote. Jesus mostra a sua decisão em beber o cálice, que o Pai lhe deu, porque espontânea e livremente se entrega a Judas e à chusma dele. Durante os interrogatórios nos tribunais, Jesus se mostra soberano, com amplas respostas sobre sua realeza celeste. Depois de flagelado, Pilatos o apresenta ao povo com a frase: "Eis o Homem" (Jo 19,5), como a dizer, aqui está concentrada a imagem do todo o ser humano, que Jesus personificava.

A caminho do Calvário, Jesus carrega a própria cruz, sem a ajuda de ninguém. Suas palavras na cruz são serenas, entrega o discípulo à mãe e a mãe ao discípulo. Seu derradeiro suspiro revela a consciência de quem cumpriu uma missão: "Tudo está consumado" (Jo 19,30).

O sofrimento substitutivo de Jesus, em nosso lugar, foi por ele aceito consciente e amorosamente. Ele deu a vida por nós, para que nós a tivéssemos em abundância.

Explique os motivos que levaram à condenação de Jesus. Narre, extensamente, a Paixão de Cristo. Convém não destacar apenas a morte, o sangue, o sofrimento... Atualize a paixão de Jesus recordando pessoas que se consagraram pelo bem da comunidade.

PARA PENSAR

Com o Batismo de Jesus no Jordão tem início sua missão, conforme Is 61,1-2: "O espírito do Senhor está sobre mim, porque o Senhor me ungiu; enviou-me a anunciar a Boa-Nova aos pobres, a curar os quebrantados de coração e proclamar a liberdade aos cativos, a libertação aos que estão presos, a proclamar um ano aceitável ao Senhor".

O cumprimento dessa missão custou-lhe a vida. O poder, a ganância e a vaidade cegam a humanidade. Jesus não hesitou em defender os oprimidos. Condenava o poder e a riqueza construídos à custa da opressão, assim como as desigualdades sociais, as discriminações, as leis injustas que favoreciam apenas uma pequena parcela da sociedade. Não aceitou a hipocrisia e o uso da religião em proveito próprio. Anunciou o Reino de justiça, amor e paz, pois todos são iguais perante Deus e com os mesmos deveres e direitos.

Ao longo de sua vida missionária, a pregação de Jesus quebrou estruturas para restituir a dignidade dos filhos de Deus: "O ladrão vem só para roubar, matar e destruir. Eu vim para que tenham vida e a tenham em abundância" (Jo 10,10). Perdoou os pecadores e curou os doentes numa sociedade em que as pessoas que sofriam eram discriminadas e excluídas por serem consideradas pecadoras.

Para Jesus, as observâncias religiosas deviam ajudar o ser humano e não escravizá-lo, por isso curava no sábado (considerado dia sagrado para os judeus). E afirmou: "O sábado foi feito para o homem, e não o homem para o sábado" (Mc 2,27). Era um mestre diferente daqueles do seu tempo, porque admitiu mulheres como suas discípulas e ensinou a humildade e o serviço, por isso lavou os pés dos seus apóstolos e recomendou que o fizessem aos outros (Jo 13,14-15).

Tais atitudes geravam confronto com a sociedade da época. As incompreensões dos dirigentes e das autoridades religiosas atiçaram o povo para exigir a morte de Cristo. Jesus, Filho de Deus, chamava o Pai de *Abba*. Por se considerar filho de Deus, foi tido como blasfemo. Após ser traído, foi entregue aos tribunais do Império e do Sinédrio. A Eucaristia, que agora celebramos, renova a aliança selada com seu sangue e nos torna participantes da força salvadora de sua morte. "Esta noite em que Cristo, nossa

Páscoa, foi imolado, porque ele é o verdadeiro cordeiro que tirou o pecado do mundo."[1]

PARA VIVENCIAR

É importante fazer um comentário sobre as pessoas que não hesitaram em dar a vida na defesa dos direitos humanos e da justiça. Muitos cristãos seguiram Jesus com fidelidade, como fizeram os apóstolos e os primeiros cristãos. Dom Helder Câmara, dom Luciano Mendes de Almeida, Madre Teresa de Calcutá e tantos outros são exemplos a serem seguidos. Dom Helder, arauto na defesa da igualdade, solidariedade e justiça, testemunhou e apregoou as bases para a formação de uma sociedade mais fraterna.

Anualmente, celebramos solenemente a Sexta-feira da Paixão do Senhor. Nesse dia, as crianças fazem renúncia de algo, e os adultos jejuam. É o dia adequado para meditarmos a morte de Cristo, os nossos pecados e a conversão da qual precisamos para melhorar nossa maneira de ser.

PARA CELEBRAR

De forma dialogada, proclame a Paixão de Cristo. Escolha três catequizandos: um para atuar como narrador e os outros para serem Jesus e Pilatos. O catequizando que representará Jesus deve usar um pano vermelho, como manto, e Pilatos, um pano amarelo ou dourado. Os demais catequizandos fazem o coro (povo). Eles devem ficar agrupados atrás de Jesus, que estará de frente para Pilatos. Use o texto do Evangelho (mais breve) do Domingo de Ramos do ano B, Mc 15,1-39, do Lecionário Dominical.

---

[1] Prefácio da Vigília Pascal.

33º encontro

Jesus ressuscita

PREPARANDO O AMBIENTE

O ambiente deve ser alegre; aliás, a alegria deve ser a chave desse encontro. Prepare uma mesa com toalha branca e uma Bíblia. Próxima da mesa, deixe uma vasilha de barro ou de ferro com areia ou terra. Providencie velas para cada um do grupo.

ORAÇÃO

Catequista: Jesus Ressuscitou. A vida venceu a morte. Renasce a esperança no coração de todos nós. Vamos recordar os acontecimentos de nossa vida e da sociedade que nos fazem ter esperança e alegria de viver.

Em seguida reza:

Catequista: Rainha do céu, alegrai-vos, aleluia.

Catequizandos: Pois o Senhor que merecestes trazer em vosso seio, aleluia.

Catequista: Ressuscitou, como disse, aleluia.

Catequizandos: Rogai a Deus por nós, aleluia.

Catequista: Alegrai-vos e exultai, ó Virgem Maria, aleluia.

Catequizandos: Porque o Senhor ressuscitou verdadeiramente, aleluia.

Catequista: Oremos. Ó Deus, que, na gloriosa ressurreição do vosso Filho, restituístes a alegria ao mundo inteiro, pela intercessão da Virgem Maria, concedei-nos gozar a alegria da vida eterna. Por Cristo nosso Senhor. Amém.

TEMA

Leitura bíblica: Lc 24,1-12 – O *sepulcro vazio*.

Na Sexta-Feira Santa Jesus foi sepultado às pressas. Ele morreu ao entardecer. Ao chegar a noite, o povo judaico celebrava a sua Páscoa. Por isso não podiam permanecer insepultos os cadáveres, dependurados no madeiro do suplício. Então, os piedosos José de Arimateia e Nicodemos se apressaram em pedir a Pilatos que lhes concedessem a permissão de sepultar o corpo de Jesus. Jesus foi retirado da cruz na presença das piedosas mulheres, que embalsamaram apressada e inacabadamente o corpo de Jesus. Ao raiar do domingo, as mulheres foram solícitas e velozes ao sepulcro para completar a embalsamação do corpo de Jesus. Perturbadas e perplexas por não encontrarem o corpo de Jesus, depararam-se com dois anjos em veste fulgurante, que lhes disseram: "Por que procurais entre os mortos Aquele que está vivo? Ele não está aqui; ressuscitou! Lembrem-se de como ele falou, quando ainda estava na Galileia: 'O Filho do Homem deve ser entregue nas mãos dos pecadores, ser crucificado e ressuscitar no terceiro dia'" (Lc 24,5-7). Elas, partindo rápidas do túmulo, com grande alegria correram a anunciar a ressurreição aos apóstolos. E eis que, perfazendo as mulheres o caminho do retorno, Jesus de repente veio ao seu encontro e lhes disse: "Alegrai-vos". As mulheres se aproximaram e se ajoelharam diante de Jesus, abraçando seus pés. Então Jesus disse a elas: "Não tenham medo. Vão anunciar aos meus irmãos que se dirijam para a Galileia. Lá eles me verão" (Mt 28,9-10).

As piedosas mulheres ficaram sobremaneira contentes, porque experimentaram a Cristo Ressuscitado; elas que tinham sofrido, chorado e pranteado os sofrimentos e a morte sangrenta de Jesus; elas que tinham sido fiéis na dor, enquanto os apóstolos tinham fugido amedrontados nos momentos cruciantes da Paixão. Por isso essas mulheres foram premiadas com a visão gratificante do Corpo Ressuscitado do mestre querido.

As mulheres foram testemunhas da ressurreição e mensageiras da Vida. No tempo de Jesus, a mulher era desprezada, considerada física e religiosamente inferior ao homem. Criada depois do homem, tirada do homem, por isso, erroneamente era tachada e censurada como sujeita ao homem e às vontades dele. A mulher não podia frequentar a escola; por isso, não sabia ler. Então, era incapacitada para ler a Bíblia e, em consequência disso, não podia entrar em contato com Deus na leitura da Bíblia. Até dentro do Templo não podia ingressar. Claro está, portanto, que a mulher não podia exercer o papel de testemunha, por incapacidade, diziam os homens, de presenciar, assimilar e transmitir o conteúdo de um fato, de um evento. Um judeu comum, no tempo de Jesus, rezava de manhã assim: "Ó Deus, te agradeço, porque não nasci pagão nem mulher". Como se nascer mulher fosse uma desonra! Aliás, até em nossos dias, em alguns países de cultura muçulmana, a mulher é submissa às vontades desvairadas do homem. Pois bem: Jesus, ao contrário, privilegia as mulheres. Jesus ressuscitado aparece primeiro às mulheres; Jesus constitui as mulheres mensageiras de sua ressurreição. Elas estão encarregadas de comunicar a Boa-Nova da vida em explosão aos apóstolos, entrincheirados pelo medo no cenáculo.

Na praxe de Jesus a mulher é valorizada, é dignificada; a mulher que, em sua configuração física e espiritual, transfunde e gera a Vida.

Converse com o grupo sobre o que nos leva a crer no Ressuscitado. Que sinais identificam sua presença na comunidade? Onde encontrá-lo agora que está na glória? Explique as características próprias do Tempo Pascal.

PARA PENSAR

A ressurreição de Cristo é o centro de nossa fé. "Se Cristo não ressuscitou, vazia é a nossa pregação, vazia é também a nossa fé" (1Cor 15,14). A ressurreição é a vitória de Cristo sobre a morte e sobre todos os poderes contrários à vida humana. Se, por um lado, a sentença do mundo contra o Senhor decretou sua morte na cruz, por outro, o Pai devolve a vida a seu Filho, que a retoma livremente, e o Espírito Santo a vivifica e glorifica. "A Ressurreição é o ápice da Encarnação. Ela confirma a divindade de Cristo, como também tudo o que ele fez e ensinou, e realiza todas as promessas divinas a nosso favor."[1]

Sua ressurreição é a garantia de que, em Cristo, nós alcançamos a vida plena e, com ele, somos igualmente vitoriosos sobre toda a maldade deste mundo e herdeiros da vida eterna. Nada nos poderá separar da vida e do amor em Cristo, nem o maior sofrimento, nem mesmo a morte. Sua ressurreição é atestada pelos apóstolos, pelas mulheres e por tantos discípulos que o viram ressuscitado. Recordemo-nos dos apóstolos e mártires que testemunharam, derramando o próprio sangue, que ele está vivo e atuante em suas vidas. "Senhor do cosmo e da história, Cabeça da sua Igreja, Cristo glorificado permanece misteriosamente na terra, onde o seu reino já está presente como germe e início na Igreja. Um dia voltará na glória, mas não sabemos o momento. Por isso, vivemos na vigilância, orando: 'Vem, Senhor Jesus'" (Ap 22,20).[2]

"A Vigília Pascal é a principal celebração da ressurreição do Senhor. Nos cinquenta dias do Tempo Pascal, celebramos a

---

[1] *Compêndio do Catecismo da Igreja Católica*, n. 131.
[2] Id., n. 133.

passagem de Cristo para sua nova vida como se fosse um só dia de festa, ou melhor, como um grande domingo."[3]

Cristo, por seu Espírito, está presente em nós. Ele já não sofre, como glorioso, os limites do tempo e do espaço. Está liberto da matéria e de suas limitações. Por isso está presente na sua Igreja em todo momento: quando se congrega para a oração ou para a celebração dos sacramentos, celebra a Palavra de Deus, prega e dá testemunho e se dedica ao serviço dos irmãos nas obras de misericórdia. "O que fizestes ao menor desses pequeninos, a mim o fizestes" (Mt 25,40).

PARA VIVENCIAR

Cristo cumpriu a Páscoa com seu grande amor oferecido à humanidade e sua passagem para o Pai. Cabe-nos, agora, agir de tal modo que a Páscoa se cumpra em nós. A passagem ao Pai e a nova existência continuam em cada um de nós; por isso, devemos viver como Jesus: com as mãos e o coração cheios de boas obras e de bons sentimentos, fazendo o bem a todos. É fundamental fazer o que estiver ao nosso alcance para ajudar o próximo.

PARA CELEBRAR

Primeiramente, o catequista acende sua vela; a seguir, a dos catequizandos. Cada um, ao colocar a vela acesa na vasilha (com terra ou areia), diz um motivo que o faz ter esperança, alegria e fé no Cristo Ressuscitado. Em seguida, proclamam:

Catequista: A luz de Cristo Ressuscitado brilhe hoje em nossas vidas, acabando com a escuridão.

Meninos: Exulte de alegria dos anjos a multidão, exultemos, também, nós por tão grande salvação!

---

[3] Normas universais do Ano Litúrgico, n. 22.

Catequista: A Cristo ressuscitado ressoe nossa voz!

Meninas: Do grande Rei a vitória, cantemos o resplendor: das trevas surgiu a glória, da morte o Libertador.

Catequista: A Cristo ressuscitado ressoe nossa voz!

Todos: Bendito seja o Cristo, Senhor, que é do Pai imortal esplendor! Aleluia! Aleluia! Aleluia!

(O catequista convida todos a se abraçarem comunicando a paz.)

Canto: "Cristo ressuscitou, aleluia. Venceu a morte com amor, aleluia!".

34º encontro

Leitura orante – A Eucaristia

(Seguir os passos da leitura orante, conforme a explicação da introdução).

PREPARANDO O AMBIENTE

Na leitura dos Evangelhos de Mateus 26,26-29, Marcos 14,22-25 e Lucas 22,14-20, encontramos o relato da Ceia de Jesus com os apóstolos, na qual é instituída a Eucaristia. Para esta leitura orante é importante que o catequista organize o local do encontro com elementos que favoreçam e experiência viva deste momento. Pode ser disposta uma mesa com cadeiras ou bancos ao redor para que todos se acomodem. Sobre a mesa devem ser colocados um belo copo ou taça com suco de uva e, preferencialmente, um pão grande.

INVOCAÇÃO DO ESPÍRITO SANTO

Convide todos para que juntos, de mãos dadas em volta da mesa, proclamem a seguinte oração:

Todos: Creio, meu Deus, que estou diante de Vós.

Que me vedes e escutais as minhas orações.

Vós sois tão grande e tão santo: eu vos adoro.

Vós me destes tudo: eu vos agradeço.

Vós sois misericordioso, eu vos peço as graças que sabeis serem necessárias para mim.

Ó Jesus Mestre, Verdade, Caminho e Vida, tende piedade de nós.

Vinde, Espírito Santo, enchei o coração dos vossos fiéis e acendei nele o fogo do vosso amor. Enviai o vosso Espírito e tudo será criado e renovareis a face da terra.

Catequista: Oremos.

Todos: Ó Deus, que instruístes os corações dos vossos fiéis, fazei que apreciemos retamente todas as coisas segundo vosso Espírito e gozemos sempre da vossa consolação. Por Cristo, Senhor nosso, Amém!

Cantemos: Tomai e comei, tomai e comei meu corpo e sangue que vos dou...

LEITURA

Vamos proclamar o Evangelho segundo Lucas, capítulo 22, versículos 14 ao 20.

Neste momento o catequista deve auxiliar os catequizandos realizando a leitura em voz alta para que todos possam acompanhar o que o texto diz. Esta leitura poderá ser realizada a partir da manifestação das mesmas ações de Jesus: tomar o pão, dar graças, partir o pão (cf. v. 19) e erguer o cálice (cf. v. 20) e dar o pão, respectivamente.

"A Eucaristia é o lugar privilegiado do encontro do discípulo com Jesus Cristo. Com este Sacramento, Jesus nos atrai para si e nos faz entrar em seu dinamismo em relação a Deus e ao próximo. Há um estreito vínculo entre as três dimensões da vocação cristã: crer, celebrar e viver o mistério de Jesus Cristo, de tal modo que a existência cristã adquira verdadeiramente uma forma eucarística. Em cada Eucaristia, os cristãos celebram e assumem o mistério pascal, participando n'Ele. Portanto, os fiéis devem viver sua fé na centralidade do mistério pascal de Cristo através da Eucaristia, de maneira que toda sua vida seja cada vez mais vida eucarística" (*Documento de Aparecida*, n. 251).

"Ó Pai querido, como é grande a nossa alegria em vos agradecer e, unidos com Jesus, cantar vosso louvor. Vós nos amais tanto que fizestes para nós este mundo tão grande e tão bonito.

Pai, vós nos amais tanto que nos destes vosso Filho Jesus para que ele nos leve até vós. Vós nos amais tanto que nos reunis em vosso Filho Jesus, como filhos e filhas da mesma família".[4]

Como irmãos reunidos, sabemos reconhecer a importância da Eucaristia em nossa vida e na vida de nossa comunidade? Como a temos celebrado? Quais gestos, símbolos e sinais se fazem presentes?

Jesus se reúne com os discípulos e se põe à mesa. O desejo dele de estar com os seus amigos para a Ceia da Páscoa alcança um novo sentido: a sua entrega total – corpo e sangue – em favor da humanidade para que tivesse sempre presente a celebração de sua memória, presença e sacrifício. É esta a fonte da vida e da missão da Igreja, atualizada a cada domingo que dedicamos ao Senhor.

"Fazei isto em memória de mim." Com esta afirmação Jesus deposita em nós, a sua Igreja, a esperança de uma mudança radical de vida para que o Reino de Deus se realize plenamente. A Eucaristia é sacramento de um mundo novo, no qual ele por

---

[4] Oração Eucarística para missas com crianças – II.

primeiro entrega sua vida por nós, lava os pés dos apóstolos, nos ensina a amar uns aos outros até o ponto de derramar o sangue.

Durante a celebração eucarística, assentamo-nos ao redor do altar onde se realiza o gesto sacramental de sua entrega e depois entramos em comunhão com esta ceia, ao recebermos o seu corpo e o seu sangue entregues por nós. Estamos dispostos a igualmente doar a nossa vida, sendo menos egoístas e compartilhando mais nossa amizade, jogos e nosso tempo?

De que modo cada um de nós pode ser sinal vivo da compaixão de Deus pelo irmão e irmã, preferencialmente pelos mais pobres?

ORAÇÃO

Rezar os Salmos 34,2-13 e 108,2-7.

CONTEMPLAÇÃO

A Eucaristia é verdadeiramente fonte e ponto culminante da vida e da missão da Igreja. Nela toda a nossa existência como filhos de Deus se eleva à perfeição e, assim, "tornamo-nos não apenas cristãos, mas o próprio Cristo" (Santo Agostinho).

ENCERRAMENTO

O catequista parte o pão ao meio, coloca-o na bandeja e cada um, por sua vez, retira um pedaço. Depois, rezar juntos:

Todos: "Olhai, com bondade, o sacrifício que destes à vossa Igreja e concedei aos que vamos participar do mesmo pão e do mesmo cálice que, reunidos pelo Espírito Santo num só corpo, nos tornemos em Cristo um sacrifício vivo para o louvor da vossa glória. Fazei de nós um sacrifício de louvor" (Oração Eucarística IV).

35º encontro

O Espírito continua a missão de Cristo

PREPARANDO O AMBIENTE

Disponha sobre a mesa um tecido vermelho e um recipiente com um pouco de azeite. É recomendável misturá-lo com um pouco de perfume.

ORAÇÃO

Convide os catequizandos para irem à igreja rezar o Salmo 103.

Catequizandos: Envia teu Espírito, Senhor, e renova a face da terra.

Catequista: Bendize, ó minha alma, ao Senhor! Ó meu Deus e meu Senhor, como és grande! Como são belas e numerosas tuas obras, a terra está cheia das tuas criaturas.

Catequizandos: Envia teu Espírito, Senhor, e renova a face da terra.

Catequista: Que a glória do Senhor perdure sempre, e alegre--se o Senhor em suas obras! Hoje, seja-lhe agradável o meu canto, pois o Senhor é a minha grande alegria!

234

Catequizandos: Envia teu Espírito, Senhor, e renova a face da terra.

TEMA

Leitura bíblica: Jo 20,19-23 – *Aparição aos discípulos.*

Os apóstolos são enviados com a missão de perdoar os pecados e de implantar a paz e a comunhão fraterna entre as pessoas, seguindo os passos de Jesus, que assistirá a sua Igreja em todas as dificuldades e perseguições.

É a tarde do Domingo de Páscoa. Os apóstolos estão entrincheirados no Cenáculo pelo medo dos judeus. E eis que, de repente, Jesus Ressuscitado, no esplendor de seu Corpo Glorioso, aparece no meio dos apóstolos e lhes dirige a saudação da plenitude dos bens messiânicos: "A Paz (*shalom*) esteja com vocês" (Jo 19,20). É o cumprimento de quem, pela morte e ressurreição, venceu o mundo, as forças do mal e a própria morte; é a saudação do Cordeiro Vencedor, que ainda traz em si os sinais da vitória, que conquistou: as marcas nas mãos, nos pés e no lado perfurados.

A reação dos presentes é a alegria incontida, que ninguém, de agora em diante, poderá suprimir. Aliviados e fortalecidos, agora os apóstolos estão prontos para a missão, que o próprio Jesus outrora recebeu e que agora a transfere aos apóstolos: "Como o Pai me enviou, assim também eu vos envio... Recebei o Espírito Santo: a quem perdoardes os pecados, eles lhes serão perdoados; a quem os não perdoardes, eles lhes serão retidos" (Jo 20,21-13).

Imensa é a missão dos apóstolos: difundir no mundo inteiro a paz que Jesus proclamou; *perdoar os pecados de todos.* E pecado é tudo o que rompe a amizade com Deus e estraga, estropia, estanca, atrofia a convivência amorosa, pacífica e participativa entre os seres humanos. Então, os mensageiros, missionados por Jesus, terão que tecer as teias estreitas de relacionamentos fraternos, sinceros, cooperadores entre os seres humanos, de sorte que a Paz reine soberana no seio da humanidade e que, pelo banho purificador do sangue de Cristo e pela força do Espírito Santo, recebido no Batismo, produzam os frutos *do amor, da alegria e da paz.*

Evidencie a ação do Espírito na Igreja e na vida do catequizando em força da Páscoa de Cristo. É ele quem dá à Igreja, à Palavra e à liturgia a força transformadora.

PARA PENSAR

O Espírito Santo é a terceira pessoa da Santíssima Trindade. É o amor do Pai e do Filho. O Espírito e Cristo agem juntos. A primeira efusão do Espírito se dá na tarde de Páscoa, como fruto da morte e ressurreição do Senhor.

No Primeiro Testamento, quando Deus criou o ser humano, soprou sobre ele, isto é, infundiu nele o seu Espírito. Agora, depois da Páscoa, Jesus sopra novamente sobre os apóstolos reunidos, infundindo um novo alento em seus corações. O sopro (hálito) de Jesus Ressuscitado sobre os apóstolos comunica o dom do Espírito: princípio da nova criação e da nova vida. O ser humano é recriado pela força de Cristo e do seu Espírito.

Jesus Ressuscitado não nos deixa órfãos. Ele mesmo nos prometeu que o Espírito permaneceria com seus discípulos como penhor de sua volta para o Pai. Além disso: "O Espírito Santo que o Pai enviará em meu nome, vos ensinará tudo e vos recordará tudo o que eu vos disse" (Jo 14,26).

O Espírito deixado por Cristo tem a missão de continuar no mundo a obra de Cristo. Por isso foi derramado sobre a Virgem e os apóstolos em forma de fogo (At 2,1-13). E o próprio Cristo Ressuscitado disse: "Recebereis uma força, a do Espírito Santo que descerá sobre vós, e sereis minhas testemunhas em Jerusalém... e até os confins do mundo" (At 1,8). O Espírito fortalece os apóstolos e os discípulos.

Assim, a Igreja, liderada pelos apóstolos e formada por todos os que aderiam com fé a Cristo Ressuscitado, continua no mundo os seus gestos salvadores. A exemplo e em nome de Cristo, quando esteve neste mundo, a Igreja acolhe e abençoa as crianças, perdoa os pecadores, cura os enfermos, batiza as pessoas, sacia a fome e participa das bodas. Isso só é possível porque quem atua hoje no tempo da Igreja é o Espírito do mesmo Cristo.

A Igreja, o povo de Deus que confia em Cristo, manifesta a fé em Deus pela força do Espírito Santo. A presença do Espírito Santo faz com que a Igreja seja santa e garante que sua liturgia, o anúncio da Palavra e o serviço da caridade sejam verdadeiros e tornem presente a ação de Deus neste mundo.

O tempo da Páscoa se encerra com a solenidade de Pentecostes, celebrada cinquenta dias após o domingo da ressurreição. Páscoa e Pentecostes estão estreitamente unidos, requerem-se mutuamente e formam uma unidade, "para levar à plenitude os Mistérios Pascais, derramastes, hoje, o Espírito Santo prometido".[1]

PARA VIVENCIAR

Comente os itens relacionados abaixo com os catequizandos:

- A solenidade de Pentecostes abre o horizonte da vida cristã sob a ação do Espírito, que impulsiona cada um de nós a viver, diariamente e ao longo do ano, a entrega e a doação pascal, a exemplo de Cristo.
- "O Espírito daquele que ressuscitou Jesus dentre os mortos habita em vós" (Rm 8,11), mas, muitas vezes, limitamos sua ação em nós.
- "Se vivemos pelo Espírito, devemos levar uma vida conforme o Espírito" (Gl 5,25).

PARA CELEBRAR

A cor vermelha, usada nas comemorações litúrgicas do Espírito Santo, indica o fogo do Espírito, que transforma tudo o que toca, e a caridade, que abrasa os corações. Vimos que Jesus

---

[1] MISSAL ROMANO. Prefácio da solenidade de Pentecostes.

foi ungido pelo Espírito no seu Batismo, que veio sobre ele em forma de pomba.

Jesus é chamado de Cristo, o ungido. Na Bíblia, as pessoas são consagradas com o óleo que é sobre elas derramado, sinal do Espírito que age e marca para sempre sua vida. Por isso ele é chamado Unção Espiritual. O óleo é perfumado, porque exala o bom odor de Cristo, o ungido do Pai.

ORAÇÃO

Todos: Vinde, Espírito Santo, enchei o coração dos vossos fiéis e acendei neles o fogo do vosso amor. Enviai o Vosso Espírito e tudo será criado. E renovareis a face da terra.

Oremos: Senhor nosso Deus, que pela luz do Espírito Santo instruístes os vossos fiéis, fazei que apreciemos todas as coisas, segundo o mesmo Espírito. Por nosso Senhor Jesus Cristo, vosso Filho, na unidade do Espírito Santo. Amém.

(Inicia-se o canto ao Espírito Santo e o catequista unge cada catequizando no alto da cabeça, recordando que somos morada do Espírito, desde o dia de nosso Batismo. Conclui-se com a bênção final.)

Unidade V
Sinais do Reino

Objetivo específico da unidade: compreender o sacramento da Eucaristia como participação, ao longo da vida, na Páscoa de Cristo, tendo em vista a transformação da criança no próprio sacramento recebido.

Apresenta sete encontros e *três encontros com os pais ou responsáveis*, os quais se encontram no Livro da Família. O Ressuscitado permanece em sua Igreja e quer associar-se à humanidade, constituída de seu Corpo. Assim, pelo Batismo, somos configurados em Cristo como seus membros para viver a sua Páscoa. Dessa forma, a celebração eucarística cumpre o Batismo, porque nos constitui como corpo eclesial e herdeiro da missão de Cristo.

36º encontro

A Igreja, Corpo de Cristo

PREPARANDO O AMBIENTE

Providencie uma travessa com pão. No centro da mesa, coloque a travessa, a Bíblia e uma jarra com água. No final do encontro, partilhe o pão e a água com os catequizandos.

ORAÇÃO

Catequista: A água do Batismo traz a vida do Espírito Santo para a comunidade, para todo aquele que crê e acolhe o dom de Deus em seu coração. É a água que sacia nossa sede de conhecer e viver em Deus.

Todos: Senhor, dá-nos sempre dessa água.

Proclame: Jo 4,13-15.

Catequista: Senhor, queremos receber vosso Espírito e nos transformar numa fonte de água que ajude muitos irmãos a matarem a sede. Venha ao nosso coração e ilumine nossa vida para que nossa maneira de viver nunca contamine a fonte do vosso amor que jorra em nosso dia a dia.

241

TEMA

Leitura bíblica: 1Cor 12,12-14 e 27 – *Um corpo e muitas partes*.

Todos nós recebemos o mesmo Espírito Santo de amor para formarmos um único Corpo. Enxertados em Cristo no Espírito pelo Batismo, fomos elevados à dignidade de constituirmos o corpo místico de Cristo. "Vós todos juntos sois o Corpo de Cristo, e, individualmente, sois membros desse corpo" (cf. 1Cor 12,12-13), afirma o apóstolo Paulo.

A comparação do corpo é muito rica e significativa, porquanto no corpo humano vibra uma maravilhosa unidade, uma sintonia perfeita, uma colaboração constante entre todos os membros. Olhos, mãos, pés, coração, pulmões, estômago, cérebro, numa palavra, todos os membros, nunca havendo divisão, intimamente entrelaçados, zelam igualmente uns pelos outros. Se um membro sofre, todos os membros sofrem com ele; se um membro é honrado, todos os membros se regozijam com ele. Ali no corpo floresce uma estupenda harmonia de recíproco auxílio.

Igualmente no Corpo Místico de Cristo, nessa Igreja-Corpo que somos nós, embora diversos nos dons que recebemos, havemos de viver em perfeita união, cada qual pondo, à disposição da comunidade, as aptidões e carismas particulares.

O Batismo nos confere o Espírito de Cristo, de forma que somos configurados em seu Corpo e participamos da sua missão como profeta, sacerdote e rei. Ele é a cabeça, nós os membros; dessa forma, formamos a sua Igreja. Se vivemos em Cristo, devemos igualmente levar uma vida de seguimento do que Cristo ensinou e viveu.

PARA PENSAR

Ser batizado significa fazer parte da Santíssima Trindade. O Pai nos recebe como filhos no Filho, pois reconhece no batizado a imagem de seu Filho e o seu Espírito. Recebemos o Espírito do

Ressuscitado e passamos a ser sua morada, templo do Espírito. Ora, se temos o Espírito de Cristo, somos parte dele. Cristo é a cabeça, nós somos os membros do seu corpo.

Antigamente, na sua maioria, quem recebia o Batismo era adulto, que entrava com o corpo inteiro na fonte batismal. São Paulo compara o gesto de ser coberto pela água com a morte de Cristo, e o emergir dela, com a ressurreição. O Batismo nos faz morrer e ressuscitar com Cristo para tornar-nos uma coisa só com ele (Rm 6,5). Morremos para o pecado e renascemos para a vida nova do Reino. Como nascemos com o pecado herdado de nossos primeiros pais (pecado original), somos privados da graça. Cristo, porém, livrou-nos desse pecado com sua morte e ressurreição.

Ora, se temos o Espírito de Cristo, somos parte dele. Cristo é a cabeça, nós somos os membros do seu corpo. Fica fácil entender quem é a Igreja. A Igreja é o Corpo de Cristo, isto é, o povo de batizados que conserva o seu Espírito.

A Igreja é uma comunidade, um corpo espiritual; nossa união com Cristo é como da cabeça com o corpo. Assim como é impossível um corpo continuar a viver separado da cabeça, também nós, cristãos, não seremos Igreja nem alcançaremos a salvação separados de Cristo e de quem o representa. Não somos apenas um grupo reunido em torno de Jesus ou de seus representantes, como se faz com um líder, por simples entusiasmo de suas ideias. Nossa união com ele é vital: dele, como da cabeça, é que vem a vida sobrenatural que nos vivifica como Corpo Místico, sobrenatural.

O Espírito Santo é quem une e conserva os membros desse corpo para que siga o ensinamento da Cabeça. A unção batismal capacita o fiel para as três funções messiânicas:

- **Profeta**: anuncia a Palavra, defende a Aliança, denuncia as injustiças e discerne a ação de Deus nas realidades do mundo e da história.
- **Sacerdote**: oferece a própria vida como hóstia santa, transforma a própria vida pela caridade divina.
- **Rei**: ama e serve, sobretudo, aos pobres e pequenos, colocando-se a serviço de Deus e de seu Reino.

Para vivenciar

É fundamental que honremos a graça do Batismo. Não vamos jogá-lo fora. O Batismo é como uma semente que precisa de terra fértil para brotar. O orvalho do Espírito, seguramente, não faltará. Vamos ser terra boa que favoreça o crescimento da árvore para produzir muitos frutos de caridade e de justiça. Isso significa morrer para a preguiça e o egoísmo e renascer para o bem, para o amor, servindo sempre a comunidade.

Para celebrar

Recorde, com a participação das crianças, as etapas de fabricação do pão: a terra que recebe a semente, a chuva que fecunda o solo, a semente que brota, a colheita, os grãos moídos, o pão amassado. Compare esse processo com a imagem do corpo formado por muitos membros.

Leitura: 1Cor 10,17 – *O pão que partimos não é comunhão com o Corpo de Cristo?*

Catequista: *Vamos rezar pela Igreja formada pelo povo de Deus espalhado por toda a terra. Senhor Jesus, dai ao vosso povo renascer para a vida nova. Rezemos ao Senhor.*

Todos: Senhor, escutai a nossa prece.

Catequista: *Senhor Jesus, fazei estas crianças seguidoras do vosso caminho. Rezemos ao Senhor.*

Todos: Senhor, escutai a nossa prece.

Catequista: *Senhor Jesus, fazei que todas as crianças do mundo tenham casa, pão, educação e saúde. Rezemos ao Senhor.*

Todos: Senhor, escutai a nossa prece.

Catequista: *Senhor Jesus, sustentai nossa comunidade na vivência do amor e no serviço a todos. Rezemos ao Senhor.*

Todos: Senhor, escutai a nossa prece.

Catequista: *Senhor Jesus, chamai muitos irmãos e irmãs para participarem de nossa comunidade. Rezemos ao Senhor.*

Todos: Senhor, escutai a nossa prece.

Catequista: *Senhor Jesus, dai-nos a alegria de viver a graça do nosso Batismo. Rezemos ao Senhor.*

Todos: Senhor, escutai a nossa prece.

Catequista: *Senhor Jesus, animai todas as Igrejas cristãs na fé e na prática da justiça. Rezemos ao Senhor.*

Todos: Senhor, escutai a nossa prece.

(Conclui-se com o Pai-nosso.)

37º encontro

Eucaristia, Corpo de Cristo

PREPARANDO O AMBIENTE

Sobre uma mesa, coloque uma travessa com cachos de uva ou uma planta com tronco e galhos. Outra opção: figuras com esses temas.

ORAÇÃO

Proclame os versículos: Jo 6,33.35.48.51.53. Em ambiente favorável à oração, cada criança lê um versículo, ao que todos respondem: "Senhor, dá-nos sempre deste pão!". Aconselha-se repetir a proclamação.

TEMA

Leitura bíblica: Jo 6,52-59 – *Permanecer em mim e eu nele.*

"O texto retrata o relacionamento existente entre o fiel e Jesus, estabelecido na Eucaristia. Encontramos um verdadeiro contraste entre a comunidade que possui o 'pão do céu' e seus oponentes judeus, cujos ancestrais tiveram somente o maná. Foram fartamente alimentados, mas, não obstante, morreram.

A referência à salvação aparece em muitos momentos do texto: ter vida em vocês (v. 53); ter vida eterna (v. 54); permanecer em mim e eu em você (v. 56). Trata-se de um alimento que produz saciedade não somente para o presente; ele aponta também para o futuro.

No relacionamento com Jesus encontramos um alimento que fortalece e que permite a comunhão em uma só comunidade. Jesus foi o primeiro a oferecer a própria vida em favor dos homens e das mulheres. Ele é o princípio fundante da comunidade que nos desafia a também dar a vida pelos irmãos, assim como ele já o fez. Essa também é a compreensão de João em sua epístola: "Nisto sabemos o que é o amor: Jesus deu a vida por nós. Portanto, também nós devemos dar a vida pelos irmãos" (1Jo 3,16). Aqui se reflete de forma completa e exigente a radicalidade do chamado ao discipulado.

Muitos estão acostumados a pensar a vida evangélica apenas pela metade, isto é, são fervorosamente conscientes de que Jesus deu a vida por cada um deles. Todavia, não desejam que ninguém os lembrem do lado oposto da moeda. Assim como ele deu a sua vida, nós também devemos dar as nossas vidas por amor. É a vida cristã vivida de modo completo! Uma vida em comum que leva a amar desinteressadamente a todos aqueles que conosco vivem. Trata-se de uma exigência. No discipulado não existe espaço para opções. Não há espaço para uma vida onde podemos escolher o que melhor nos convém e deixar de lado tudo quanto nos incomoda.

Na vida de Jesus Cristo encontramos vida em plenitude. Por isso o pão que desceu do céu é superior ao maná servido no deserto, mas que não conduzia à vida eterna. Na Eucaristia podemos manifestar nosso real compromisso com a encarnação e a morte de Jesus. Nela revivemos e reatualizamos o que Jesus fez por nós para que tenhamos sempre diante de nossos olhos o que devemos fazer pelos nossos irmãos. A Eucaristia reflete, portanto, o tipo de compromisso que temos primeiramente com Jesus Cristo e, depois, com a comunidade. A vida e morte solidária de Cristo repercutem em nossos corações a fim de que também nós, solidariamente, vivamos uns para os outros. Na Eucaristia nos apresentamos como verdadeiros e completos discípulos e missionários. Alimentamo-nos na Eucaristia para que, após o banquete, possamos correr pelas ruas alimentando a tantos outros" (colaboração: Luiz Alexandre Solano Rossi).

Qual é a finalidade do sacramento da Eucaristia? Para que o Senhor a instituiu?

O Batismo se realiza na Eucaristia. Se formamos o Corpo de Cristo pelo Batismo, a Eucaristia nos alimenta e fortalece com o sacrifício de Cristo, para que vivamos sempre em comunhão, unidos em uma só fé, um só Senhor. Para tanto, precisamos permanecer unidos nele, como os galhos à árvore ou os ramos ao tronco da videira.

Para pensar

A Eucaristia é a celebração do sacrifício de Cristo na cruz. Nela o próprio Cristo se faz nosso alimento para comunicar-nos sua própria vida, sua nova aliança, e para edificar sua comunidade como seu próprio corpo.

Fazemos parte do Corpo de Cristo pelo Batismo. Recebemos o corpo eucarístico de Cristo para formarmos um corpo unido, a fim de construirmos a comunidade de fé, que assume a missão do Evangelho. O efeito que a Eucaristia produz é a comunhão de todos com Cristo e entre si. Ao receber o corpo de Cristo na Eucaristia, juntos formamos o corpo de Cristo que é a Igreja, povo de Deus.

Ao recebermos o pão e o vinho eucarísticos nos tornamos unidos em Cristo. "Quem come a minha carne e bebe o meu sangue permanece em mim, e eu nele" (Jo 6,56), assim como os ramos estão unidos à videira. Uma vez que fomos alimentados por Cristo com o Pão Eucarístico, somos transformados por ele num só corpo.

Quando nos reunimos em assembleia para celebrar a Eucaristia, o sacerdote pede ao Espírito Santo que transforme o pão e o vinho no corpo e no sangue de Cristo e, logo em seguida, pede, novamente, que ele transforme o povo que celebra (assembleia litúrgica) no corpo de Cristo.

Assim, rezamos na Oração Eucarística III:

Concedei que, alimentando-nos com o corpo e o sangue do vosso Filho,
sejamos repletos do Espírito Santo e nos tornemos em Cristo um só corpo e um só espírito.
Fazei de nós um só corpo e um só espírito.

Fazemos parte do Corpo de Cristo pelo Batismo. Recebemos o corpo eucarístico de Cristo para formarmos um corpo unido. O sacramento da Eucaristia, pão e vinho consagrados, existe para que os fiéis, em comunhão com o corpo sacramental de Cristo, possam alcançar o fim próprio e último da celebração eucarística: formação do corpo eclesial, edificação da Igreja.

A presença no pão e no vinho é o meio que Cristo pensou para tornar possível nossa incorporação à sua vida de Ressuscitado e também nossa participação em sua nova aliança. O símbolo escolhido, o da refeição, é o melhor para exprimir a profundidade deste encontro interpessoal entre Cristo e sua comunidade. A ceia do Senhor nos faz entrar na dinâmica de sua Páscoa e de sua vida definitiva, alimentando-nos, assim, em sua marcha na história.[1]

PARA VIVENCIAR

A videira possui um tronco largo e, a cada ano, produz ramos compridos em que brotam muitos cachos de uva. Cristo é o tronco, nós somos os ramos; dessa forma, formamos sua Igreja. A seiva que vem do tronco e alimenta os ramos é o Espírito de Cristo, que nos fortalece para produzir os frutos. Portanto, para isso, precisamos estar estreitamente unidos a Cristo, pela Eucaristia. Quais frutos ele espera de nós?

---

[1] Cf. ALDAZÁBAL, José. *A Eucaristia.* São Paulo: Vozes, 2002. p. 323.

PARA CELEBRAR

Estimule as crianças a pensarem nos bons frutos produzidos pela comunidade, pela família e por elas próprias. Nomeie-os. Proclame: Jo 15,4-6 – *A videira e os ramos*. Em seguida, cada uma faz uma prece de agradecimento por aquilo que vem produzindo de bom para a construção da comunidade de fé. Conclui-se com o Pai-nosso.

38º encontro

Participamos da Páscoa

PREPARANDO O AMBIENTE

Prepare uma cruz e fotografias de pessoas praticando atos de solidariedade, ou mesmo frases que indiquem a fraternidade em ação.

ORAÇÃO

Leitor 1: "Dou-vos um mandamento novo: que vos ameis uns aos outros. Como eu vos amei, amai-vos também uns aos outros" (Jo 13,34).

Leitor 2: "Nisso reconhecerão todos que sois meus discípulos, se tiverdes amor uns pelos outros" (Jo 13,35).

Leitor 3: "Ninguém tem maior amor do que aquele que dá a vida por seus amigos" (Jo 15,13).

Leitor 4: A Eucaristia é o sacramento do amor de Jesus levado às últimas consequências. Comungar esse sacramento requer compromisso de viver o amor que constrói as pessoas e a comunidade.

Catequista: Ó Pai, ensinai-nos a amar, assim como nos amou seu Filho Jesus, que foi capaz de nos dar a sua própria vida. Fazei que não sejamos apegados aos bens deste mundo, mas que saibamos partilhar nossa vida, nossos bens e nosso tempo para ajudar muitas pessoas. Por nosso Senhor Jesus Cristo.

TEMA

Leituras bíblicas: Mt 16,24 – *Condições para seguir a Jesus*; Jo 19,33-34 – O *golpe de lança*.

Com as crianças, recorde o sentido da cruz na vida de Jesus. A cruz é o amor dele levado às últimas consequências. Seu amor não é compreendido e desperta a perseguição do mundo que o conduz à morte. Como seguidores de Cristo, fazemos parte do seu corpo, por isso somos chamados a oferecer nossa vida, trabalhos e toda a natureza com Cristo ao Pai, no Espírito.

PARA PENSAR

Pelo Batismo, mergulhamos pela primeira vez na morte e ressurreição de Jesus e assumimos a mesma missão de Cristo, porque nos tornamos seus discípulos e nele fomos incorporados. Se Cristo, nossa Páscoa, deu a sua vida para nos salvar, nós, os batizados, que formamos seu corpo, devemos igualmente seguir a Cristo e doar a nossa vida. O cristão traz no próprio corpo as marcas da morte de Cristo (Gl 2,19-20; 6,17; 2Cor 4,10-12), isto é, assume a mesma dinâmica que levou Cristo da morte à vitória sobre o tentador deste mundo.

Participamos da Páscoa de Cristo fazendo memória, isto é, lembrando a Deus o sacrifício redentor de Cristo para que ele nos associe a esse acontecimento e renove a sua graça, por meio do gesto sacramental. No sentido da Sagrada Escritura, o memorial não é somente a lembrança dos acontecimentos do passado, mas a proclamação das maravilhas que Deus realizou por todos os homens. "Quando a Igreja celebra a Eucaristia, rememora a Páscoa de Cristo, e esta se torna presente: o sacrifício que Cristo ofereceu uma vez por todas na cruz torna-se sempre atual."[1]

Cristo nos associa em sua entrega ao Pai para a salvação da humanidade. Na Eucaristia, o sacerdote eleva o pão e o vinho consagrados e diz: *Por Cristo, com Cristo, em Cristo, a Vós, Deus Pai todo-poderoso, na unidade do Espírito Santo...* A assembleia deverá responder com força e convicção: *Amém.* O Cristo todo é oferecido ao Pai: cabeça e membros. Se, pelo Batismo, somos Corpo de Cristo, então, no pão e no vinho eucarísticos, também somos oferecidos ao Pai. "A Igreja, que é o Corpo de Cristo, participa da oferta de sua Cabeça. Com Cristo, ela mesma é oferecida inteira. Ela se une à sua intercessão ao Pai por todos os homens. Na Eucaristia, o sacrifício de Cristo se torna também o sacrifício dos membros do seu Corpo. A vida dos fiéis, seu louvor, seu sofrimento, sua oração, seu trabalho são unidos ao de Cristo e à sua oferenda total."[2]

Oferecemos a ele nossa vida, nosso trabalho, nossos estudos e nossa oração para o bem dos outros, da família, dos doentes, enfim, de toda a humanidade como uma oferta agradável ao Pai. Dessa forma, realizando a Páscoa de Cristo em nossa vida, estaremos mais próximos do coração de Cristo e nos tornaremos mais semelhantes a ele.

Assim rezamos na Oração Eucarística IV:

Que, reunidos pelo Espírito Santo num só corpo,
nos tornemos em Cristo um sacrifício vivo
para o louvor da vossa glória.
Fazei de nós um sacrifício de louvor.

"Na celebração da missa os fiéis constituem o povo santo, o povo adquirido e o sacerdócio régio, para dar graças a Deus e oferecer o sacrifício perfeito, não apenas pelas mãos do sacerdote,

---

[1] *Catecismo da Igreja Católica,* n. 1364.
[2] Ibid., n. 1368.

mas também juntamente com ele, e aprender a oferecer-se a si próprios."[3]

Dessa maneira, exercemos o sacerdócio comum dos fiéis recebido no Batismo. Compreendemos definitivamente que a participação consciente, ativa e frutuosa na liturgia consiste em oferecer a nossa vida unida ao sacrifício da entrega de Cristo na cruz.

PARA VIVENCIAR

Na Eucaristia, descobrimos o mistério do serviço. Assim como o Senhor se entrega no pão e no vinho, a comunidade que participa desse mistério deve dedicar-se ao próximo a serviço do Evangelho de Cristo.

Um sofredor de rua, que se recuperou numa comunidade de apoio católica, repetia várias vezes a constatação que fizera e que transformara sua vida: "Não posso entrar na fila da comunhão e esquecer-me da fila da sopa, em que todos os dias entrava para comer; muito menos deixar de lembrar-me dos meus irmãos que ficaram lá".

Esse irmão, Roberto, entendeu tão fortemente o sentido da Eucaristia que, atualmente, coordena uma casa de apoio e de recuperação dos sofredores de rua.

PARA CELEBRAR

Faça memória, juntamente com as crianças, das atividades solidárias que a comunidade, as famílias dos catequizandos ou eles próprios realizam. Busque associar essas atividades à atitude de Jesus que nos ama a ponto de derramar seu sangue.

Leitor 1: Tenham presente as palavras do Senhor Jesus, que disse: "Há mais alegria em dar que em receber" (At 20,35).

---

[3] *Instrução Geral sobre o Missal Romano*, n. 95.

Leitor 2: Cada um dê como dispôs em seu coração, sem pena nem constrangimento, pois Deus ama a quem dá com alegria (2Cor 9,7).

Leitor 3: Exorto-vos, irmãos, pela misericórdia de Deus, a que ofereçais vossos corpos como hóstia viva, santa e agradável a Deus: este é o vosso culto espiritual (Rm 12,1).

(Conclui-se com o Pai-nosso e a bênção final.)

39º encontro

A presença de Cristo

PREPARANDO O AMBIENTE

Com antecedência, prepare a encenação dos discípulos de Emaús. É recomendável a utilização de algumas roupas diferentes para distinguir os personagens.

ORAÇÃO

Leitor 1: Queremos ver Jesus e assentar-se à sua mesa, mas sempre nosso coração se sente pecador!

Todos: Fica conosco, Senhor!

Leitor 2: Queremos ajudar o próximo, mas nossa vontade é fraca, por isso não encontramos Jesus.

Todos: Fica conosco, Senhor!

Leitor 3: Ouvimos a Palavra do Senhor e, muitas vezes, fechamos os ouvidos!

Todos: Fica conosco, Senhor!

Leitor 4: Somos irmãos, e o Senhor está entre nós! Quantas vezes somos egoístas e ignoramos a comunidade!

Todos: Fica conosco, Senhor!

Oremos: Senhor, nosso Deus e amigo, voltai para nós vosso olhar cheio de compaixão e limpai nossos olhos para ver os sinais da vossa presença em nosso meio. Ensinai-nos a enxergar não somente o que nos interessa, mas o vosso Reino acontecendo em nosso meio. Vós que viveis e reinais com o Pai e o Espírito Santo. Amém.

TEMA

Leitura bíblica: Lc 24,13-35 – *Os discípulos de Emaús.*

"A conhecida passagem do Caminho de Emaús – presente somente no evangelho de Lucas – bem que poderia também ser chamada de 'o retorno à jornada do discipulado'. Os dois discípulos haviam abandonado o caminho proposto por Jesus. Jerusalém havia se tornado uma cidade perigosa. O mestre já tinha sido assassinado e seria de bom tom – ou apenas covardia – abandonar o 'olho do furacão' e recomeçar a vida em plena segurança em outro lugar.

Para eles a expectativa que haviam nutrido não se materializou e, por conta disso, provavelmente estavam desiludidos. Não havia neles o esclarecimento necessário para compreender os acontecimentos. Perdidos e desorientados, procuravam por novos caminhos ou, pelo menos, fugir do caminho já conhecido. 'Os discípulos estavam como que cegos e por isso não o reconheciam': o tema do 'ver' é bastante comum nesse relato.

Observe os versos: 23, 24, 31, 32, 35. Somente o Jesus ressuscitado tem o poder de abrir os olhos dos discípulos para que eles consigam compreender o verdadeiro significado do plano de Deus. É interessante observar que os olhos dos discípulos somente se abrirão plenamente a partir do momento em que eles mostrarem hospitalidade a um estrangeiro. O senhorio de Jesus Cristo não é reconhecido em atos de guerra, de conquista ou de vingança. Ao contrário, trata-se de um senhorio que se manifesta num gesto de hospitalidade.

Aqueles dois discípulos estavam tomados de tristeza, desencantados e lentos em seu processo de reflexão. Precisavam, sem sombra de dúvida, ser transformados de maneira que eles pudessem novamente ser reconectados a Jesus. Recitar os fatos da vida de Jesus e mostrar como eles estavam ligados com suas predições não abriu os olhos dos discípulos; e muito menos o testemunho das mulheres foi capaz de abrir os olhos da fé; o que de fato irá abrir os olhos deles e assim contribuir positivamente para a construção da fé será a própria interpretação que Jesus fará de sua vida como cumprimento de todas as promessas de Deus. É a presença forte de Jesus em meio aos discípulos que os tornará fortes. Aqueles que estavam amedrontados e fugindo da missão por causa da presença de Jesus, alterarão mais uma vez o caminho a seguir.

Na verdade, eles apenas corrigem a rota, ou seja, voltam de onde nunca deveriam ter partido. Mas não nos devemos esquecer de que a presença forte de Jesus foi somente sentida – o coração que ardia – quando Jesus partiu o pão. É a presença eucarística de Jesus que tem a capacidade de vencer os nossos medos e, assim, refazer a nossa vida. Na mesa eucarística chegamos fracos e saímos fortes; na mesa eucarística chegamos com medo e saímos corajosos. Na mesa eucarística chegamos com fome e saímos saciados" (colaboração: Luiz Alexandre Solano Rossi).

Os discípulos de Emaús reconheceram Cristo na fração do pão, mas, antes, o coração deles já havia ardido quando lhes explicava as Escrituras; então, tiveram a comprovação da nova presença do Senhor no testemunho da comunidade e na aparição a Simão.

A Eucaristia é, antes de tudo, a presença do Ressuscitado no meio da comunidade. A presença de Cristo no pão e no vinho não é a única. É certamente a mais densa e privilegiada, porque nela Cristo se faz nosso alimento para nos comunicar sua própria vida.

Para pensar

A presença de Cristo na Eucaristia é real, física, mas, somente a partir de sua existência de glorificado pode chegar à comunhão total com as pessoas. Cristo se identifica de modo misterioso com o pão e o vinho, que pelo Espírito são convertidos em seu corpo e sangue. É uma presença objetiva, feita realidade pela força do Ressuscitado e seu Espírito. Na Eucaristia, é o Senhor glorioso, Cristo ressuscitado, que se torna presente a nós.[1]

Cristo está presente entre nós para nos fazer entrar em comunhão com ele. Podemos identificar sua presença na celebração eucarística nas seguintes condições:

Presenças exteriores à celebração:

- Nos acontecimentos do dia a dia, os sinais dos tempos pelos quais o Senhor nos fala, nos chama à conversão.

- Nas pessoas que encontramos em nossos caminhos – "todas as vezes que fizestes isso a um destes mais pequenos, que são meus irmãos, foi a mim que o fizestes!" (Mt 25,40).

- Na meditação da Palavra de Deus, verdadeiro sacramento, principalmente na prática da leitura orante.

- Na vida de oração íntima sob o impulso do Espírito Santo.

- Na habitação da Santíssima Trindade no coração dos batizados.

Presenças no interior da celebração:

- Na comunidade reunida, como primeiro sacramento – sinal eficaz –, o primeiro "lugar" da presença viva do Senhor: "Pois onde dois ou três estiverem reunidos em meu nome, ali estou eu no meio deles" (Mt 18,20) –, formamos o Corpo de Cristo! O "povo de Deus" é "congregado" para "celebrar"; chama-o também "assembleia local da santa Igreja", que está enriquecida com uma especial presença do Senhor, segundo sua promessa.

---

[1] Cf. ALDAZÁBAL, José. *A Eucaristia.* p. 315.

- Na presença do ministro pastor da comunidade eclesial e o visibiliza como cabeça da mesma comunidade. O presidente tem o ministério de fazer-se ver Cristo Jesus, que é o autêntico presidente, mestre e sacerdote da comunidade. Atua na pessoa de Cristo, pois, na Igreja, Cristo batiza, lê as Escrituras e concede a graça do sacramento.

- Na Palavra proclamada: ele é a Palavra definitiva do Pai à humanidade; Cristo se nos dá primeiro como Palavra salvadora, antes de dar-se a nós como alimento eucarístico. É a "dupla mesa" à qual o Senhor ressuscitado nos convida. "Lembrem-se os fiéis de que a presença de Cristo é uma só, tanto na Palavra de Deus, 'pois quando se lê na Igreja a Sagrada Escritura, é ele quem fala' (e Cristo anuncia o Evangelho), como especialmente sob as espécies eucarísticas."[2]

Presença eucarística de Cristo:

- "Sob as espécies consagradas do pão e do vinho, Cristo mesmo, vivo e glorioso, está presente de maneira verdadeira, real e substancial, seu corpo e seu sangue, com sua alma e sua divindade."[3] Sua presença chega à plenitude na doação eucarística, mas já é real antes. A presença estritamente eucarística "chama-se real, não por exclusão, como se as outras não fossem reais, mas por antonomásia, porque é substancial, quer dizer, por ela está presente, de fato, Cristo completo, Deus e homem".[4]

Essa visão global da multiforme presença do Senhor em nossa vida e na celebração dos sacramentos não diminui o valor e a admirável profundidade de sua presença no pão e no vinho eucarísticos. Mostra a progressiva densidade de sua presença, que culmina em sua doação no pão e no vinho como refeição do Reino dada à sua comunidade. Toda presença de Cristo é "real",

---

[2] *Elenco das Leituras da Missa*, n. 46. Cf. também *Instrução Geral sobre o Missal Romano*, n. 29.

[3] *Catecismo da Igreja Católica*, n. 1413.

[4] PAULO VI. *Mysterium fidei*; carta encíclica sobre o culto da sagrada eucaristia, n. 46, 1965.

pessoal, ativa, salvadora. Exatamente nesse conjunto de manifestações, brilha com luz própria a presença eucarística.[5]

PARA VIVENCIAR

Certa vez, dom Helder foi convidado a fazer uma procissão em desagravo ao Santíssimo Corpo de Cristo, que tinha sido profanado numa capela perto do mangue, na periferia do Recife. O assaltante, ao roubar a pobre capela, levou a âmbula e deixou cair pela rua barrenta as partículas consagradas. A população mobilizou-se e chamou o bispo.

Houve a procissão e a missa. No final, dom Helder disse, enfático: "Eu continuo vendo Jesus jogado no barro". Os presentes não entenderam. Então, ele repetiu por mais duas ou três vezes, cada vez com mais ênfase. Por fim, concluiu: "O Cristo continuará profanado enquanto vocês viverem amassando lama todos os dias, pois são desrespeitados em sua dignidade". O fato, relatado por dom Helder, ressalta as diversas presenças de Cristo tanto no culto como na vida.

PARA CELEBRAR

A Eucaristia é, antes de tudo, a presença do Ressuscitado no meio da comunidade, como em Emaús.

É possível dispor o trecho a seguir de diversas maneiras, contanto que seja proclamado marcando nitidamente os quatro momentos, além de ser associado à vida da criança.

Vv. 13-24: encenar o episódio com palavras e referências aos acontecimentos tristes que matam a esperança do povo de Deus.

---

[5] Cf. *Instrução Geral sobre o Missal Romano*, n. 27.

Vv. 25-27: tomar o livro da Bíblia e apresentar promessas de esperança. Pode-se conversar com as crianças sobre a morte e ressurreição de Jesus.

Vv. 28-32: retomar as promessas de vida que a Eucaristia realiza na comunidade.

Vv. 33-35: comentar sobre nossa obrigação de anunciar a Palavra, isto é, de sermos testemunhas da misericórdia e do amor de Deus em nossa vida.

40º encontro

A mesa da Palavra

PREPARANDO O AMBIENTE

Se possível, realize este encontro na nave da igreja da comunidade. Deixe claro que todos devem manter uma atitude respeitosa na casa do Senhor. Aproveite a ocasião para que se familiarizem com a fonte batismal, a mesa da Palavra, o altar, a cadeira presidencial e o sacrário e conheçam os outros elementos unicamente de uso prático: credência, estante do comentarista, cadeiras dos coroinhas e acólitos.[1]

ORAÇÃO

Se a reunião acontecer na Igreja, coloquem-se de joelhos. Em silêncio, motive a oração diante de Jesus sacramentado presente na Eucaristia guardada no sacrário.

TEMA

Leitura bíblica: At 2,42-46 – *A primeira comunidade*.

A Igreja nascente, fechada no Cenáculo de Jerusalém, pode ser representada hoje como uma Catedral, que se afirma e se apoia sob quatro colunas fundamentais.

---

[1] Pode-se ler com proveito sobre o assunto: NUCAP; PASTRO, Claudio. *Iniciação à liturgia*. São Paulo: Paulinas, 2012.

- escuta dos ensinamentos dos Apóstolos;
- união intensa e comunhão fraterna;
- partilha do Pão, ou seja, Celebração Eucarística da Missa;
- oração comum.

Sob o impulso do Espírito do Senhor Ressuscitado, aquele grupo de fiéis era frequente na escuta das pregações dos Apóstolos; aqueles que tinham vivido com o Mestre Jesus, que lhe tinham absorvido a mensagem vital e a haviam interiorizado, estando sob a ação do mesmo Espírito, a proclamavam a todos com entusiasmo e sabedoria. E os recém-convertidos ansiavam por conhecer mais profundamente a doutrina do Profeta de Nazaré. Era um estágio de crescimento interior, de uma nova força esclarecedora para as suas consciências. É claro que nestas reuniões não podia faltar a oração fervorosa, a fim de que todos fossem irrigados pela graça de Deus, e tudo pudesse concretizar-se em boas ações coerentes.

Normalmente estes agrupamentos de escuta e de oração se concluíam com a santa missa, no partir do Pão, na Eucaristia. E podemos dizer que a Eucaristia, como ponto alto, ápice da liturgia, reforçava sempre mais a caridade sincera, cordial, vibrante entre todos. Como afirma uma frase da Escritura, na Primeira Carta de São Paulo aos Coríntios, 10,17: "Nós, que comemos do mesmo Pão, embora sendo muitos, formamos um só corpo". A Eucaristia é centro de convergência dos corações dos fiéis, que se alimentam do Corpo e Sangue de Cristo.

Confraternizados nos dons do Espírito, fonte do amor no único Corpo de Cristo, não era possível não haver a participação e também a partilha dos bens materiais. A partilha dos bens não era imposta pela lei, mas era o reflorescer do amor interior e da compaixão para com os mais necessitados.

Mostre como a Eucaristia sempre foi celebrada na Igreja pelos primeiros cristãos, com o objetivo de ser fiel ao mandamento de Jesus: "Fazei isto em minha memória". A Igreja sempre uniu a escuta dos ensinamentos dos Apóstolos com a partilha do pão e a vivência da caridade. A celebração eucarística é um ato único, porque, numa mesa, a história da salvação se realiza com palavras; na outra, a mesma história se expressa por meio dos sinais sacramentais da liturgia.

PARA PENSAR

A estrutura da celebração eucarística nos leva a ser fiéis ao espírito com que Jesus a instituiu e aos primeiros cristãos que a celebraram. A missa se articula em duas partes principais: "A liturgia da Palavra e a eucarística estão tão intimamente unidas entre si, que formam um só ato de culto. Temos a mesa do Pão da Palavra e a mesa do Pão Eucarístico, ambas formam uma só".[2]

A Palavra de Deus, lida e anunciada na liturgia pela Igreja, conduz à Eucaristia como a seu fim conatural. Para compor e despedir a assembleia, há os *ritos iniciais* e os *finais*.

Os ritos iniciais – Canto de abertura, sinal da cruz, acolhida, ato penitencial, hino *Glória a Deus*, oração do dia – têm como objetivo reunir a assembleia e predispô-la para acolher a Palavra.[3] Essa assembleia é a Igreja convocada pela Trindade Santa como povo santo. Desde o início, entendemos que celebramos nossa vida em comunhão com a Família Trinitária e rezamos com o coração em Deus, num só pulsar. Por isso que celebrar envolve seriedade e contentamento de unir nossa vida com Deus, a fim de recebermos força e coragem para seguir adiante. Dessa forma:

- A celebração inicia-se com o *sinal da cruz* e a saudação trinitária.

- O *ato penitencial* manifesta a misericórdia de Deus, que nos oferece o grande dom da Páscoa de Cristo, apesar de nossas fragilidades.

- O *Glória* é um hino em louvor a Cristo, que deve ser decorado pelas crianças para ser rezado e cantado nas celebrações.

---

[2] Id., n. 28.

[3] Os ritos iniciais não se devem estender muito. Há que cuidar da proporção do tempo e dedicar mais atenção à Palavra e à liturgia eucarística.

- O sacerdote conclui com a *Oração de Coleta*. Ele diz "oremos" e permanecemos uns instantes em silêncio. Em nosso interior, colocamos a intenção da missa pelos nossos familiares, doentes, amigos.

ESQUEMA DA LITURGIA DA PALAVRA	
Primeira leitura do Primeiro Testamento	Evangelho
Salmo	Homilia
Segunda leitura do Segundo Testamento	Creio
Aclamação ao Evangelho	Oração dos fiéis

Anualmente, a Igreja se guia por um Evangelho que é lido de forma semicontínua durante os domingos daquele ano:

Ano A: leituras do evangelho de Mateus.

Ano B: leituras do evangelho de Marcos.

Ano C: leituras do evangelho de Lucas.

As leituras do evangelho de João são proclamadas todos os anos, durante a Quaresma e na Páscoa. A leitura do Primeiro Testamento se relaciona diretamente com o Evangelho. Essa distribuição sublinha a unidade do Primeiro e do Segundo Testamentos e da história da salvação, cujo centro é Cristo e seu Mistério Pascal.

As leituras da missa nos levam a compreender a continuidade da obra da salvação, oferecem os fatos e as palavras principais da história da salvação. De tal modo que aparece diante de nós como algo que tem uma continuidade atual ao se fazer presente de novo o Mistério Pascal de Cristo, celebrado pela Eucaristia.[4]

A *liturgia da Palavra* celebra a intervenção de Deus em nossa história, recorda a ação de Deus, sempre viva e eficaz pelo poder do Espírito Santo, e manifesta o amor ativo do Pai. Em Isaías, assim como a chuva cai do céu, fecunda a semente e a faz brotar, a Palavra de Deus não volta ao Pai sem cumprir sua

---

[4] Cf. *Elenco das leituras da missa*, n. 60.

missão (Is 55,10-11). Jesus, depois de ler a profecia na sinagoga de Cafarnaum, enrolou o livro e disse: "Hoje se cumpre esta passagem da Escritura que acabastes de ouvir" (Lc 4,21).

A homilia deverá ressaltar de que maneira esta Palavra acontece hoje na vida de cada um e da comunidade, como também se realiza na Eucaristia.

PARA VIVENCIAR

Celebrar a missa implica uma atitude fundamental: ter diante dos olhos o que fazemos em nossa vida, nossas atitudes e nossos desejos para serem iluminados por Deus e compreendidos à luz da morte e ressurreição de Jesus.

Por isso vale a pena manter toda a atenção na Palavra proclamada. Ficar sentado durante as duas leituras representa uma atitude de acolhida e de escuta. O Evangelho é o cume da revelação. Diz-nos Santo Agostinho: "A boca de Cristo é o Evangelho. Está sentado no céu, mas não deixa de falar na terra"; por isso, nos colocamos de pé, em posição de alerta, de ressuscitados e de respeito, demonstrando máxima valorização ao que está sendo proclamado, prontos para cumprir a Palavra de nossa salvação.

Para proclamar as leituras na assembleia, devemos ler o texto com antecedência, entender seu conteúdo, posicionar o microfone na altura certa e modular a voz corretamente, além de colocar-se próximo ao ambão e não se complicar com óculos ou folhetos nas mãos. Ao ler, use a entoação de voz própria consoante ao gênero literário: se histórico, ensinamento ou parábola... A segurança dos gestos evitará a pressa na leitura. Nada disso terá sentido se não pusermos em prática a Boa-Nova anunciada que nos orienta e nos conduz pelo caminho da vida.

PARA CELEBRAR

Escolha uma leitura do Primeiro Testamento, um Salmo e o Evangelho do livro do lecionário dominical, que fica sobre o ambão. Prepare as crianças para proclamá-los. Apresente a unidade dos dois testamentos e a centralidade do Mistério Pascal.

41º encontro

A mesa da Eucaristia

PREPARANDO O AMBIENTE

Coloque uma toalha na mesa. Sobre ela, uma travessa com pão e hóstias num prato.

ORAÇÃO

Reze o Salmo 62(63),2-9.

TEMA

Leitura bíblica: At 20,7.11 – *Despedida de Trôade*.

Reze a oração eucarística com o espírito das grandes orações de bênção do Primeiro Testamento, assim como Jesus as rezava. Desenvolva a atitude de ação de graças diante da vida para reconhecer as bênçãos que Deus nos dá na criação, na redenção do mundo por seu Filho e na santificação pelo Espírito.

PARA PENSAR

Durante a liturgia eucarística da missa, quem preside repete as palavras de Cristo no Evangelho: "Ele tomou o pão em suas mãos, deu graças, partiu o pão e o deu aos seus discípulos...".

Estes quatro verbos organizam os quatro movimentos da liturgia eucarística.

ORAÇÃO EUCARÍSTICA	
Ele tomou o pão... o cálice	Preparação das oferendas
Deu graças	Oração eucarística
Partiu o pão	Fração do pão
E deu	Comunhão

Preparação das oferendas: forma-se a procissão do pão e do vinho que são levados ao altar

No pão e no vinho, toda a criação é assumida por Cristo Redentor para ser transformada e apresentada ao Pai. Nesta perspectiva, levamos ao altar também todo o sofrimento e tribulação do mundo, na certeza de que tudo é precioso aos olhos de Deus [...] esse gesto permite valorizar a participação primeira que Deus pede ao homem, ou seja, levar em si mesmo a obra divina à perfeição.[1]

A *oração eucarística* foi inspirada nas grandes orações judaicas e tem o caráter de bênção e de ação de graças ao Pai pela maravilha de sua criação e, principalmente, por tê-la levado à perfeição com a redenção que Cristo protagonizou com sua morte e ressurreição. Damos graças porque o Pai nos santifica com o seu Espírito, conduzindo-nos de volta a ele.

Na aclamação do *Santo*, a Igreja, unindo sua voz à dos anjos, convoca toda a natureza para louvar o Pai. A presença de Cristo no pão e no vinho suscita: "Um processo de transformação da realidade, cujo termo último é a transfiguração do mundo inteiro, até chegar àquela condição em que Deus seja tudo em todos".[2]

---

[1] Bento XVI. Exortação apostólica pós-sinodal *Sacramentum Caritatis*. São Paulo: Paulinas, 2007, n. 47.

[2] Bento XVI. *Sacramentum Caritatis*, n. 11.

Cada Eucaristia que celebramos acelera a vinda do Reino, por isso dizemos: "Anunciamos tua morte e ressurreição. Vem, Senhor Jesus!". Nas intercessões da prece eucarística, a Igreja une-se aos seus membros que já se encontram com o Pai, nossos irmãos falecidos, e invoca a Virgem Maria, os apóstolos e os santos que nos precedem na glória.

Assim, a Igreja peregrina neste mundo e a Igreja gloriosa proclamam um só louvor ao Pai, por Cristo e na força do Espírito. No gesto *Por Cristo, com Cristo e em Cristo...*, a Igreja – corpo de Cristo –, formada por nós, os batizados, é associada ao sacrifício de Cristo e sela solenemente com o *Amém* o nosso sim à oferta de Cristo ao Pai.

O *rito da comunhão* é o ponto de referência de toda a celebração: tudo nela tende a que os fiéis cheguem à comunhão com o Senhor "devidamente dispostos". É o que pretendem de modo especial os três momentos de preparação imediata: o Pai-nosso, o gesto de paz e a ação simbólica da *fração do pão*.

"O gesto da fração do pão, que por si só designava a Eucaristia nos tempos dos apóstolos, manifestará mais claramente o valor e a importância do sinal da unidade de todos em um só pão, e da caridade fraterna, pelo fato de um único pão ser repartido entre os irmãos."[3]

Na procissão para a comunhão, vamos ao encontro de Cristo como uma comunidade de irmãos. A comunhão é o ato de receber o sacramento do seu corpo entregue e de seu sangue derramado para que nos transformemos naquilo que recebemos. É o ponto culminante da participação litúrgica. Para receber a comunhão: "O modo mais expressivo é o de estender a mão esquerda, bem aberta, fazendo com a direita, também estendida, 'como um trono' [...] para em seguida com a direita tomar o Pão e comungar ali mesmo, antes de voltar a seu lugar. Não se 'pega' o Pão oferecido com os dedos – à maneira de pinças –, mas deixa-se que o ministro o deposite dignamente na palma aberta da mão".[4]

---

[3] Cf. *Instrução Geral do Missal Romano*, n. 321; cf. também o n. 83.

[4] ALDAZÁBAL, José. *Gestos e símbolos*. São Paulo: Loyola, 2005. p. 127.

Os *ritos finais* marcam o envio dos fiéis (do latim, *missio*: missão, envio) para que cumpram a vontade de Deus em sua vida cotidiana.[5]

PARA VIVENCIAR

A oração eucarística nos educa para ter sentimentos e atitudes de louvor e de reconhecimento da gratuidade do Pai, que nos cumulou de tantos dons: a vida, a natureza, os rios, o mar. Amou-nos tanto que nos enviou o seu Filho único para nos salvar. São Paulo nos ensina: "Em tudo dai graças" (1Ts 5,18).

Essa é a postura que cabe ao cristão. Por isso sempre dizemos: *Graças a Deus*. Todo bem e toda fartura vêm do Pai. O mal é fruto do pecado, não provém de Deus, nem é de sua vontade. Sejamos sempre agradecidos a Deus e a todos aqueles que nos fazem o bem.

PARA CELEBRAR

Reze, com tranquilidade, Dn 3,57-88. Transmita às crianças que a Eucaristia é uma ceia de ação de graças. O que torna o pão e o vinho eucarísticos é a oração de bênção que se reza sobre eles. Mostre os dois tipos de pães, com e sem fermento, e distribua-os.

---

5 Cf. *Catecismo da Igreja Católica*, n. 1332.

42º encontro

O domingo

PREPARANDO O AMBIENTE

Proporcione um ambiente alegre, luminoso, que reflita a esperança de nossa vitória em Cristo ressuscitado.

ORAÇÃO

Em círculo e de mãos dadas, reze, ressaltando a alegria de formar a comunidade de fé, lugar da presença e manifestação do Ressuscitado.

TEMA

Converse sobre o que fazemos no domingo. Questione: por que o domingo deve ser diferente? É só um dia para descansar ou passear?

Leituras bíblicas: Jo 20,19.26; At 20,7; Ap 1,10 – *No dia do Senhor.*

Fundamente a importância de viver o domingo como o dia do Senhor, consagrado para o louvor e a prática da caridade, além de dar sentido e orientação para os demais dias, especialmente porque nele celebramos a Páscoa do Senhor.

PARA PENSAR

Desde o início, a comunidade cristã reúne-se para a fração do pão no dia do Senhor. Em latim, domingo vem de *dominus*, que quer dizer: Senhor.

"O dia em que Cristo ressuscitou dos mortos, o domingo, é também o primeiro dia da semana, aquele em que a tradição do Antigo Testamento contemplava o início da criação. O dia da criação tornou-se agora o dia da 'nova criação', o dia da nossa libertação, no qual fazemos memória de Cristo morto e ressuscitado."[1]

O primeiro dia da semana, o da ressurreição, logo no início do cristianismo, foi aquele em que os cristãos começaram a se encontrar para a celebração da ceia. Reuniam-se nas casas, rezavam e partiam o pão. Assim como eles, nós continuamos a nos encontrar aos domingos, fazendo o mesmo que eles. Tornou-se o dia da festa primordial, porque, nele, celebramos o mistério pascal de Cristo e da Igreja. A Páscoa semanal faz memória da presença viva do Senhor na comunidade.

"O domingo não se distingue com base na simples suspensão das atividades habituais, como se fosse uma espécie de parêntesis no ritmo normal dos dias; os cristãos sempre sentiram esse dia como o primeiro da semana, porque nele se faz memória da novidade radical trazida por Cristo. Por isso o domingo é o dia em que o cristão reencontra a forma eucarística própria da sua existência, segundo a qual é chamado a viver constantemente: 'viver segundo o domingo' significa viver consciente da libertação trazida por Cristo e realizar a própria existência como oferta de si mesmo a Deus, para que a sua vitória se manifeste plenamente a todos os homens através duma conduta intimamente renovada."[2]

O cristão foi enxertado em Cristo para sempre pelo Batismo. Agora, cabe-lhe levar uma vida que corresponda a esse dom. A transformação interior batismal deverá, aos poucos, consolidar e aprofundar-se pela participação nas eucaristias dominicais.

---

[1] BENTO XVI. *Sacramento da caridade*, n. 36.

[2] Ibid., n. 72.

Supõe-se que o batizado vive a Páscoa de Cristo cada vez mais real e plenamente; dessa forma, poderá oferecer o sacrifício de louvor de toda a sua vida de compromisso com o bem, com a justiça e de entrega ao Reino.

A vivência cristã do domingo tem seu momento privilegiado na celebração eucarística, em que os cristãos são convocados pelo Senhor e por seu Espírito e alimentados pela Palavra e por seu corpo e sangue. "A Igreja obriga os fiéis a participar da santa missa todo domingo e nas festas de preceito, e recomenda que dela se participe também nos outros dias."[3]

PARA VIVENCIAR

"Entrando na igreja, levamos conosco tudo o que se vive de alegrias e angústias do mundo, para vivê-las com maior intensidade naquela relação particular com Deus e com os outros que é a celebração eucarística. Saindo da igreja, trazemos à cotidianidade do mundo todos os compromissos assumidos e reassumidos ao ritmo de nossas eucaristias [...]. Uma Eucaristia sem a vontade de assumir compromissos éticos – sobretudo com o próximo – é, para quem dela participa, uma Eucaristia nula. Sem compromissos operosos, o culto se torna um passatempo cômodo, um culto vazio, uma aparência de culto."[4]

PARA CELEBRAR

Leitor: No início do século IV, quando o culto cristão era ainda proibido pelas autoridades imperiais, alguns cristãos do norte de África, que se sentiam obrigados a celebrar o dia do Senhor, desafiaram tal proibição. Ao raiar da manhã, quando terminaram a celebração eucarística, foram denunciados ao governador romano.

---

3   *Compêndio do Catecismo da Igreja Católica*, n. 289.
4   GIRAUDO, Cesare. *Redescobrindo a Eucaristia*. São Paulo: Loyola, 2003. p. 57.

Ao serem interrogados, um a um declarava: "Sem o domingo, não podemos viver". Foram martirizados, porque não lhes era possível viver sem a Eucaristia.

Catequista: Ó Pai, recordamos a maravilhosa ressurreição de seu Filho Jesus, vitorioso sobre a morte e presente na comunidade no primeiro dia da semana, quando derramou o Espírito sobre os apóstolos reunidos.

Nós, muitas vezes, faltamos com o nosso compromisso de viver o domingo como a festa do Ressuscitado em nosso meio. Por isso, vos pedimos perdão.

Ensina-nos a viver o domingo em nossa vida, como um estilo de ser cristão que encontre tempo para ajudar o outro, visitar os doentes e desfrutar a alegria de sermos irmãos na mesma comunidade de fé.

Vós sois o Deus de bondade que quereis ficar conosco por seu Filho Jesus na unidade do Espírito Santo. Amém.

Unidade VI
Preparação próxima

Objetivo específico da unidade: promover a unidade entre Batismo e Eucaristia para que haja uma vital participação na Páscoa de Cristo ao longo da vida.

- Propõe um encontro.
- A celebração da Penitência com a primeira confissão e o escrutínio e unção das crianças catecúmenas (que se preparam para o Batismo).
- O Batismo das crianças catecúmenas com a renovação das promessas batismais de todo o grupo.

43º encontro

43º | O sacramento da Penitência

PREPARANDO O AMBIENTE

Sobre a mesa, coloque um crucifixo e a Bíblia.

ORAÇÃO

Recite e decore o ato de contrição:

*Senhor; eu me arrependo sinceramente de todo mal
que pratiquei e do bem que deixei de fazer.
Pecando, eu vos ofendi, meu Deus e sumo bem,
digno de ser amado sobre todas as coisas.
Prometo firmemente, ajudado com a vossa graça,
fazer penitência e fugir às ocasiões de pecar. Amém.*

TEMA

Leitura bíblica: Lc 15,11-31 – *A parábola do filho pródigo.*

"Muitos pensam que pródigo significa perdido. Trata-se de um erro de compreensão. Pródigo é quem desperdiça, aquele que usa e abusa, o que gasta à toa, um perdulário. Lucas 15,11-31 trata de uma parábola da graça do Reino e se encontra num contexto de polêmica contra escribas e fariseus. A parábola contém a ideia de que aquele que recebe a bênção não a merece. O filho pródigo não merece ser aceito com toda a honra, pois já

279

havia tomado o que acreditava ser seu e esbanjado tudo. Nada mais lhe restava na casa de seu pai. Ele mesmo tinha consciência dessa realidade. Não tinha mais nenhum direito legal. Somente a bondade, o amor e a compaixão levam o pai a proceder de uma maneira solidária. Nada havia no filho que pudesse ser usado para exigir tal ação do pai.

A lição se encontra na maneira com que o pai agiu e não na atitude de desvio e retorno do filho. O que acontece com o filho que retorna é o mais claro cenário do amor, da graça, da misericórdia e da compaixão que domina o Reino de Deus.

O mais novo pensa que pode viver longe do pai e que sua independência financeira seria sinônimo de liberdade. Após algum tempo ele desenvolverá a consciência de que se encontra na mais terrível das prisões e, pior do que isso, sem a presença do pai. Mas a parábola insiste em dizer o tempo todo que por mais que o filho mais novo estivesse distante física e geograficamente, a sua presença continuava forte e revigorante no coração do pai. O pai não permite que o filho se ausente de sua vida. O coração do pai bate no ritmo do coração do filho.

Apenas próximo ao pai que se tem a plena liberdade. Quando ele volta de sua longa peregrinação, o pai pode afirmar a novidade de vida do filho. Celebra-se a vida por causa dele. E o filho mais velho se enche de ciúme principalmente porque não conhece o coração de seu próprio pai. Estava junto a ele todo o tempo, mas distante de seu coração. 'Tudo o que é meu é seu' resume quão precioso era o filho mais velho. Dois filhos que chamam a atenção por causa da distância em que se colocam do pai. Vivem, sem dúvida, experiências diferentes. Mas tanto na experiência de um quanto na experiência de outro a parábola deseja ensinar que o amor de Deus transborda na vida de cada filho. Somos preciosos aos olhos de Deus. Não importa se nos vejamos como o filho mais novo ou como o mais velho. Ambos são alvo do amor incomensurável de Deus que sempre recebe seus filhos de braços abertos" (colaboração: Luiz Alexandre Solano Rossi).

Reconstrua a parábola com as crianças a partir de cada um dos três personagens. Compare a história com os passos do sacramento da Penitência.

PARA PENSAR

Em seu tempo, Cristo perdoou os pecadores e condenou o pecado, nunca a pessoa. Seu olhar sempre foi de misericórdia, compreensão e estímulo para que as pessoas mudassem de vida.

Pelo Batismo, somos perdoados de todos os nossos pecados, inclusive do pecado original, isto é, aquele que provém de nossos primeiros pais e que já nascemos com ele. Mas, durante a vida, permanece nossa inclinação para o mal: somos fracos, cedemos à tentação da preguiça e não colaboramos com os trabalhos de escola ou de casa. A vaidade nos arrebata e queremos ser mais do que os outros. Ainda crianças, já temos consciência de que não fazemos tudo corretamente.

Todos necessitamos melhorar, corrigir nossos vícios e maldades e sermos mais generosos, prontos para fazer o bem. Por isso Jesus nos diz no começo do evangelho de Marcos: "Cumpriu-se o tempo e o Reino de Deus está próximo. Arrependei-vos e crede no Evangelho" (1,14). Esse movimento interior e pessoal de arrependimento e de mudança de vida, considerado do mal para o bem, chamamos de conversão.

A Igreja continua até hoje a missão de Cristo de perdoar, salvar e curar, para que todos nós alcancemos a felicidade plena junto do Pai. Pelo sacramento da Penitência, a Igreja manifesta o perdão de Cristo; o fiel se reconcilia com Deus e com os irmãos (a Igreja) com o sério propósito de se corrigir. Para receber esse sacramento, devemos dar alguns passos:

- *Exame de consciência.* Refletir sobre o que fizemos de errado, quem ofendemos e o que deixamos de fazer pelo próximo.

- *Arrependimento.* Devemos ter a firme vontade de não cometer erros.

- *Confissão dos pecados (ato de contrição) e absolvição.* Em particular, diante do sacerdote, dizemos nossos pecados. Ele, em nome de Cristo, nos acolhe com nossas fraquezas, nos orienta e nos diz a penitência que devemos fazer. Pede que rezemos o ato de contrição e, depois, pronuncia a oração de absolvição dos pecados.

- *Penitência.* Cabe-nos cumprir o que o sacerdote nos indicará após dizermos nossos pecados. Esses atos nos ajudam a reparar o mal que fizemos.

A recompensa de confessar os pecados é nos tornarmos mais alegres e felizes, porque temos a certeza da amizade de Deus em nosso coração e da construção de um mundo mais humano e solidário.

PARA VIVENCIAR

Vamos nos lembrar das pessoas que ofendemos e, de coração, pedir perdão. Por outro lado, se guardamos ressentimentos de uma pessoa que nos ofendeu, vamos perdoá-la. Se nos recordamos de um fato ou situação que nos chateia ou magoa, procuremos esquecer e voltar à amizade de antes.

Depois da primeira confissão, *todo fiel, tendo atingido a idade da razão, é obrigado a confessar os próprios pecados graves pelo menos uma vez ao ano.*[1]

PARA CELEBRAR

Em silêncio, peça que os catequizandos façam um breve exame de consciência. Dirija algumas questões para guiar as crianças. Em seguida, é conveniente meditar a oração de absolvição que reza o sacerdote ao perdoar os pecados. A catequista poderá explicá-la adequadamente.

---

[1] *Compêndio do Catecismo Romano*, n. 305.

Deus, Pai de misericórdia,
Que, pela morte e ressurreição de seu Filho,
Reconciliou o mundo consigo e enviou o Espírito Santo
Para a remissão dos pecados,
Te conceda, pelo ministério da Igreja,
O perdão e a paz.
E eu te absolvo dos teus pecados,
Em nome do Pai, e do Filho, e do Espírito Santo. Amém.

Celebração do perdão
Deus nos procura[1]

A celebração penitencial deve ser preparada com as próprias crianças, de modo que estejam seguras quanto a seu sentido e finalidade, conheçam bem os cantos, tenham noção do texto da Sagrada Escritura a ser lido, saibam os textos que deverão dizer, além de o que fazer e o desenrolar da cerimônia.

SAUDAÇÃO

O celebrante saúda amavelmente as crianças reunidas na Igreja ou em outro local apropriado, recordando em poucas palavras a finalidade da celebração e sua sequência. Terminada a saudação, inicia-se um canto.

LEITURA

O celebrante pode fazer uma breve introdução com estas palavras ou outras semelhantes:

Queridas crianças: pelo Batismo nos tornamos filhos e filhas de Deus. Ele nos ama como um Pai e deseja que o amemos de todo o coração. Mas deseja também que sejamos bons uns com os outros para que todos juntos vivamos felizes.

---

[1] Transcrita e adaptada do *Ritual da Penitência*, nn. 43-53. Se, no grupo de catequese, houver crianças não batizadas, os pais e padrinhos devem ser convidados para acompanhar o escrutínio que será feito na celebração penitencial com as demais crianças já batizadas. Cf. *Ritual de Iniciação Cristã de Adultos*, n. 332.

Entretanto, nem sempre as pessoas agem de acordo com a vontade de Deus. Elas dizem: "Não obedeço! Eu faço o que quero!". Não obedecem a Deus, nem querem ouvir a sua voz. Também nós fazemos assim muitas vezes. Isso é o que chamamos pecado, pelo qual nos afastamos de Deus. Se for um pecado grave, nós nos separamos completamente dele. O que Deus faz quando alguém se afasta dele? O que ele faz quando abandonamos o caminho certo e corremos o risco de perder a verdadeira vida? Será que se afasta de nós, ofendido? Ouçamos o que nosso Senhor nos diz: [...]

A seguir, proclama-se o Evangelho. Sugestão: Lc 15,1-7 – *A ovelha perdida*.

HOMILIA

Deve ser breve, pondo em relevo o amor de Deus por nós, como base para o exame de consciência.

EXAME DE CONSCIÊNCIA

Deve ser adaptado ao grau de compreensão das crianças, mediante breves indicações do celebrante, e completado por um oportuno momento de silêncio.

ORAÇÃO SOBRE OS CATECÚMENOS[2]

Neste momento, os catecúmenos se colocam diante do presbítero. Depois de um momento de silêncio para despertar a contrição, todos rezam:

Rezemos por N. e N., que se preparam para os sacramentos da iniciação; pelas crianças que vão receber pela primeira vez

---

[2] *Ritual de Iniciação Cristã de Adultos*, nn. 338-340.

o perdão de Deus no sacramento da Penitência, e por nós, que esperamos a misericórdia do Cristo.

Leitor: Para que saibamos manifestar ao Senhor Jesus nossa gratidão e nossa fé, roguemos ao Senhor.

R.: Senhor, atendei a nossa prece.

Leitor: Para que procuremos sinceramente descobrir nossas fraquezas e pecados, roguemos ao Senhor.

R.: Senhor, atendei a nossa prece.

Leitor: Para que, no espírito de filhos de Deus, confessemos lealmente nossa fraqueza e nossas culpas, roguemos ao Senhor.

R.: Senhor, atendei a nossa prece.

Leitor: Para que manifestemos diante do Senhor Jesus a dor que sentimos por causa de nossos pecados, roguemos ao Senhor.

R.: Senhor, atendei a nossa prece.

Leitor: Para que a misericórdia de Deus nos preserve dos males presentes e futuros, roguemos ao Senhor.

R.: Senhor, atendei a nossa prece.

Leitor: Para que aprendamos de nosso Pai do Céu a perdoar por seu amor todos os pecados do próximo, roguemos ao Senhor.

R.: Senhor, atendei a nossa prece.

Quem preside *(com as mãos estendidas sobre as crianças)*: Oremos. Pai de misericórdia, que, entregando vosso amado Filho, destes ao homem, cativo do pecado, a liberdade de filhos, olhai estes vossos servos e servas que já passaram por tentações e reconhecem as próprias culpas. Realizai sua esperança, fazei-os passar das trevas à luz inextinguível, purificai-os dos pecados, dai-lhes a alegria da paz e guardai-os no caminho da vida. Por Cristo, nosso Senhor.

Todos: Amém.

UNÇÃO DOS CATECÚMENOS

Quem preside *(continua)*: O Cristo Salvador dê a vocês a sua força, simbolizada por este óleo da salvação. Com ele, ungimos vocês no mesmo Cristo, Senhor nosso, que vive e reina para sempre.

As crianças: Amém.

Cada um é ungido com o óleo dos catecúmenos no peito, em ambas as mãos ou em outras partes do corpo, se parecer oportuno.

Quem preside *(em silêncio)* impõe a mão sobre cada um dos catecúmenos.

ATO PENITENCIAL

As seguintes orações litânicas podem ser recitadas pelo celebrante ou por uma ou mais crianças, alternando com as outras. Aconselha-se uma breve pausa antes das respostas, que podem ser cantadas.

Muitas vezes não nos comportamos como filhos e filhas de Deus.

R.: Mas Deus nos ama e nos procura.

Aborrecemos nossos pais e mestres.

R.: Mas Deus nos ama e nos procura.

Brigamos e falamos mal de nossos companheiros.

R.: Mas Deus nos ama e nos procura.

Fomos preguiçosos em casa (na escola) e não ajudamos nossos pais (irmãos e colegas).

R.: Mas Deus nos ama e nos procura.

Fomos distraídos e mentirosos.

R.: Mas Deus nos ama e nos procura.

Não fizemos o bem quando podíamos.

R. Mas Deus nos ama e nos procura.

Agora, em união com Jesus, nosso irmão, vamos falar com nosso Pai do céu e pedir que nos perdoe.

Pai nosso...

CONFISSÃO INDIVIDUAL

As crianças aguardam, em silêncio, o momento de confessar-se.

ATO DE CONTRIÇÃO E PROPÓSITO

O ato de contrição e o propósito de emenda podem ser manifestados desta forma: cada criança acende sua vela em lugar apropriado e diz em seguida:

Pai, arrependo-me de ter praticado o mal, e não ter feito o bem. Vou me esforçar para me corrigir *(aqui se exprime um propósito determinado)* e caminhar na vossa luz.

Em lugar da vela ou junto com esta, deposite uma folha onde tenha escrito essa oração e o propósito. Se isso não for possível, reze em conjunto a referida oração, com um propósito genérico.

ORAÇÃO DO CELEBRANTE

Nosso Deus e Pai nos procura todas as vezes
que nos afastamos do caminho certo,
e está sempre pronto a dar-nos o seu perdão.
Por isso, que Deus todo-poderoso tenha misericórdia de vós,
perdoe os vossos pecados e vos conduza à vida eterna. Amém.

(O ministro convida as crianças à ação de graças, que pode ser feita por um canto apropriado. Em seguida, despede as crianças.)

Batismo dos catecúmenos e renovação das promessas batismais

Convém preparar as crianças para esta celebração retomando os conteúdos anteriores em que aparecem os personagens e acontecimentos referidos na bênção da água, o símbolo do óleo e o significado do banho batismal.[1] A Pastoral do Batismo de Crianças poderá colaborar com os catequistas e promover uma ampla interação entre as duas etapas.

É conveniente que essa celebração aconteça durante uma missa dominical próxima à primeira comunhão, possivelmente no Tempo Pascal, ou num domingo sem incluir a celebração da missa. Para o segundo caso, convém preparar uma celebração da Palavra e, após a homilia, seguir o esquema da "apresentação dos eleitos e exortação de quem preside". Lembre-se de que os ritos iniciais do Batismo já foram realizados nas celebrações anteriores:

- Apresentação dos eleitos.
- Oração sobre a água.
- Banho batismal.
- Unção depois do Batismo.
- Veste batismal.
- Entrega da luz.
- Renúncia/Profissão de fé dos pais, familiares e crianças.
- Aspersão da assembleia.
- Bênção final.

---

[1] Leitura recomendada para o tema "a catequese dos sinais da celebração litúrgica do Batismo": *Catecismo da Igreja Católica*, nn. 1234-1245; CNBB. *Batismo de crianças*. São Paulo: Paulinas, 1987. Documentos da CNBB, n. 19.

APRESENTAÇÃO DOS ELEITOS E EXORTAÇÃO DE QUEM PRESIDE

348. Depois da homilia, chamam-se os catecúmenos, que são apresentados pelos pais ou padrinhos à Igreja reunida. Os batizandos, com os pais, padrinhos e madrinhas, colocam-se em torno da fonte, mas de modo a não impedirem a visão dos fiéis.[2]

Quem preside exorta a assembleia com estas palavras ou outras semelhantes:

Caros fiéis, apoiemos com nossas preces a alegre esperança dos nossos irmãos e irmãs (N. e N.), que, com o consentimento dos pais, pedem o santo Batismo, para que Deus todo-poderoso acompanhe com sua misericórdia os que se aproximam da fonte do novo nascimento.

ORAÇÃO SOBRE A ÁGUA

349. **Quem preside**, voltado para a fonte, diz a seguinte oração de bênção sobre a água:

Ó Deus, pelos sinais visíveis dos sacramentos realizais maravilhas invisíveis. Ao longo da história da salvação, vós vos servistes da água para fazer-nos conhecer a graça do Batismo. Já na origem do mundo vosso espírito pairava sobre as águas para que elas concebessem a força de santificar.

Todos: Fontes do Senhor, bendizei o Senhor.

Quem preside: Vosso Filho, ao ser batizado nas águas do Jordão, foi ungido pelo Espírito Santo. Pendente da cruz, do seu

---

[2]   Os números no início do parágrafo correspondem àqueles do Ritual de Iniciação Cristã de Adultos.

coração aberto pela lança, fez correr sangue e água. Após sua ressurreição, ordenou aos apóstolos: "Ide, fazei meus discípulos todos os povos, e batizai-os em nome do Pai, e do Filho, e do Espírito Santo".

Todos: Fontes do Senhor, bendizei o Senhor.

Quem preside: Olhai agora, ó Pai, a vossa Igreja, e fazei brotar para ela a água do Batismo. Que o Espírito Santo dê por esta água a graça de Cristo, a fim de que homem e mulher, criados à vossa imagem, sejam lavados da antiga culpa pelo Batismo e renasçam pela água e pelo Espírito Santo para uma vida nova.

Quem preside, se for oportuno, mergulha o círio pascal na água uma ou três vezes (ou apenas toca na água com a mão), dizendo:

Nós vos pedimos, ó Pai, que por vosso Filho desça sobre esta água a força do Espírito Santo".

E mantendo o círio na água, continua: E todos os que, pelo Batismo, forem sepultados na morte com Cristo, ressuscitem com ele para a vida. Por Cristo, nosso Senhor.

Todos: Amém.

Quem preside retira o círio da água.

Todos: Fontes do Senhor, bendizei o Senhor! Louvai-o e exaltai-o para sempre!

PROFISSÃO DE FÉ DAS CRIANÇAS CATECÚMENAS

352. **Quem preside**, voltado para os catecúmenos, diz:

Agora, N. e N., diante da Igreja, antes de vocês serem batizados, renunciem ao demônio e proclamem a sua fé.

N. e N., vocês pediram o Batismo e tiveram muito tempo de preparação. Seus pais aprovaram o desejo de vocês; seus catequistas, colegas e amigos os ajudaram; e todos hoje prometem que vão lhes dar o exemplo de sua fé e ajudá-los como irmãos. Agora, diante da Igreja, vocês farão a profissão de fé e serão batizados.

RENÚNCIA

353. A renúncia e a profissão de fé são partes de um só rito. A palavra renunciar pode ser substituída por outra expressão equivalente, como: lutar contra, deixar de lado, abandonar, combater, dizer não, não querer.

Quem preside interroga ao mesmo tempo todos os eleitos:

Quem preside: Para viver na liberdade dos filhos de Deus, vocês renunciam ao pecado?

Os eleitos: Renuncio.

Quem preside: Para viver como irmãos, vocês renunciam a tudo o que causa desunião?

Os eleitos: Renuncio.

Quem preside: Para seguir Jesus Cristo, vocês renunciam ao demônio, autor e princípio do pecado?

Os eleitos: Renuncio.

PROFISSÃO DE FÉ

Quem preside: Crês em Deus Pai todo-poderoso, criador do céu e da terra?

A criança: Creio.

Quem preside: Crês em Jesus Cristo, seu único Filho, nosso Senhor, que nasceu da Virgem Maria, padeceu e foi sepultado, ressuscitou dos mortos e subiu ao céu?

A criança: Creio.

Quem preside: Crês no Espírito Santo, na santa Igreja Católica, na comunhão dos Santos, na remissão dos pecados, na ressurreição dos mortos e na vida eterna?

A criança: Creio.

(Depois de sua profissão de fé, cada um é imediatamente batizado.)

BANHO BATISMAL

356. Convém que a água seja abundante, de modo que o Batismo apareça como uma verdadeira passagem pela água ou banho. O Batismo pode ser realizado das seguintes maneiras:

1. Mergulhando o eleito parcial ou totalmente na água (neste caso, observem-se as normas do pudor e da conveniência).

2. Derramando água sobre sua cabeça, deixando-a escorrer sobre todo o corpo.

3. Derramando água somente sobre a cabeça.

Quem preside batiza o eleito, dizendo:

N., eu te batizo em nome do Pai,

(mergulha o eleito ou derrama a água pela primeira vez)

E do Filho,

(mergulha o eleito ou derrama a água pela segunda vez)

E do Espírito Santo

(mergulha o eleito ou derrama a água pela terceira vez).

Se o Batismo for por infusão, convém que o padrinho, a madrinha ou ambos coloquem a mão direita sobre o ombro direito do eleito. As mesmas pessoas poderão acolhê-lo ao sair da fonte, se o Batismo tiver sido feito por imersão.

Quando o número de eleitos é grande e estiverem presentes vários presbíteros ou diáconos, os batizandos podem ser distribuídos entre eles, que os batizam por imersão ou infusão, pronunciando para cada um a fórmula no singular. Durante o rito, se for conveniente, a assembleia poderá entoar aclamações e cantos, intercalados com momentos de silêncio.

Ritos complementares

Unção depois do Batismo

358. Se, por motivo especial, a Confirmação for separada do Batismo, quem preside, depois da imersão ou infusão na água, unge os batizados com o crisma como de costume, dizendo uma só vez para todos:

Deus todo-poderoso, Pai de nosso Senhor Jesus Cristo,
que fez vocês renascerem pela água e pelo Espírito Santo
e os libertou de todos os pecados, unge suas cabeças
com o óleo da salvação para que vocês façam parte de seu povo,
como membros do Cristo, sacerdote, profeta e rei,
até a vida eterna.

Os batizados: Amém.

Quem preside, em silêncio, unge cada um no alto da cabeça com o santo crisma. Se os neófitos forem muitos e estiverem presentes vários presbíteros ou diáconos, todos poderão participar das unções.

Veste batismal

359. **Quem preside**: N. e N., vocês nasceram de novo e se revestiram de Cristo. Recebam, portanto, a veste batismal, que devem levar sem mancha até a vida eterna, conservando a dignidade de filho e filha de Deus.

Os batizados: Amém.

(Os padrinhos ou madrinhas revestem os recém-batizados com a veste batismal. Se for conveniente, pode-se omitir esse rito.)

Entrega da luz

360. **Quem preside**, tomando ou tocando o círio pascal, diz:

Aproximem-se os padrinhos e madrinhas, para entregar a luz aos que renasceram pelo Batismo.

(Os padrinhos e madrinhas aproximam-se, acendem uma vela no círio pascal e entregam-na ao afilhado. Depois disso, quem preside diz:)

Deus tornou vocês luz em Cristo. Caminhem sempre como filhos da luz, para que, perseverando na fé, possam ir ao encontro do Senhor com todos os Santos no reino celeste.

Os batizados: Amém.

(Cada criança e os adultos presentes se dirigem ao círio para acender sua vela.)

Quem preside: Prezados pais, padrinhos, familiares e crianças, pelo mistério pascal fomos no Batismo sepultados com Cristo para vivermos com ele uma vida nova. Quando fomos batizados, não pudemos consentir com nossa própria voz ao dom da fé que estávamos recebendo. Hoje, terminado este período de aprofundamento da fé, renovemos as promessas do nosso Batismo, pelas quais renunciamos às obras más e prometemos servir a Deus na Igreja.

(A palavra renunciar pode ser substituída por outra expressão equivalente, como: lutar contra, deixar de lado, abandonar, combater, dizer não, não querer.)

Quem preside *(interroga ao mesmo tempo todos os eleitos)*: Para viver na liberdade dos filhos de Deus, vocês renunciam ao pecado?

R.: Renuncio.

Quem preside: Para viver como irmãos, vocês renunciam a tudo o que causa desunião?

R.: Renuncio.

Quem preside: Para seguir Jesus Cristo, vocês renunciam ao demônio, autor e princípio do pecado?

R.: Renuncio.

Profissão de fé

Quem preside: Crês em Deus Pai todo-poderoso, criador do céu e da terra?

R.: Creio.

Quem preside: Crês em Jesus Cristo, seu único Filho, nosso Senhor, que nasceu da Virgem Maria, padeceu e foi sepultado, ressuscitou dos mortos e subiu ao céu?

R.: Creio.

Quem preside: Crês no Espírito Santo, na santa Igreja Católica, na comunhão dos Santos, na remissão dos pecados, na ressurreição dos mortos e na vida eterna?

R.: Creio.

Quem preside: Esta é a nossa fé, que da Igreja recebemos e sinceramente professamos, razão de nossa alegria em Cristo, nosso Senhor.

(O sacerdote asperge o povo com a água benta, enquanto todos cantam. Se for conveniente, segue-se a oração dos fiéis. Conclui-se com o Pai-nosso e a bênção final.)

O catequista e o Estatuto da Criança e do Adolescente

A missão do catequista é fazer ecoar no coração da pessoa, quer criança, quer adolescente, a mensagem de Jesus. Todavia, o catequista e seus catequizandos são partícipes de uma sociedade organizada, regida por leis.

Felizmente, desde 1990 nossas crianças e adolescentes tiveram reconhecidas estatutariamente a garantia e defesa dos seus direitos através da promulgação da Lei n. 8.069, que dispõe sobre o Estatuto da Criança e do Adolescente – ECA.

Jesus dedicou especial afeto às crianças. Portanto, falar de Jesus, de vida plena e abundante, demanda cuidados e atenção com a pessoa na sua totalidade.

Pensando nas situações atípicas, delicadas e muitas vezes vexatórias que o catequista encontra, resolvemos traçar aqui um breve comentário sobre os instrumentos legais disponíveis para defender os direitos da criança ou adolescente e preservar a dignidade do catequista.

A Constituição Federal promulgada em 1988 estabelece que:

Art. 227. É dever da família, da comunidade, da sociedade em geral e do Poder Público assegurar à criança, isenta de qualquer discriminação, com absoluta prioridade, a efetivação dos seus direitos, referentes à vida, à saúde, à alimentação, à educação, ao esporte, ao lazer, à profissionalização, à cultura, à dignidade, ao respeito, à liberdade e à convivência familiar e comunitária.

O ECA determina que:

Art. 4º. É dever da família, da comunidade, da sociedade em geral e do poder público assegurar, com absoluta prioridade, a efetivação dos direitos referentes à vida, à saúde, à alimentação, à educação, ao esporte, ao esporte, ao lazer, à profissionalização, à cultura, à dignidade, ao respeito, à liberdade e à convivência familiar e comunitária.

Parágrafo único. A garantia de prioridade compreende:

a) primazia de receber proteção e socorro em quaisquer circunstâncias;

b) precedência de atendimento nos serviços públicos ou de relevância pública;

c) preferência na formulação e na execução das políticas sociais públicas;

d) destinação privilegiada de recursos públicos nas áreas relacionadas com a proteção à infância e à juventude.

Art. 5º. Nenhuma criança ou adolescente poderá ser objeto de qualquer forma de negligência, discriminação, exploração, violência, crueldade e opressão, punindo na forma da Lei qualquer atento, por ação ou omissão, aos seus direitos fundamentais.

Para efetivo cumprimento do que foi constitucionalmente estabelecido, os Governos Federal, Estadual e Municipal brasileiros têm importante papel na promoção das políticas públicas e dos direitos humanos.

Mas o que são "políticas públicas"? São diretrizes tomadas que objetivam a resolução de problemas ligados à sociedade de uma forma geral, o que envolve saúde, educação, cultura, moradia, saneamento, transporte, assistência social e meio ambiente.

É preciso ter como premissa, na implementação e no desenvolvimento das políticas públicas locais, a total vinculação entre a responsabilidade do Município em promover ações, programas e políticas públicas, e seu papel como ente federado responsável por assegurar o respeito aos direitos humanos, especialmente os direitos econômicos, sociais, culturais e ambientais da pessoa humana.

Várias medidas podem ser adotadas pelos governos Municipais para o desenvolvimento dos direitos humanos nas cidades e nos núcleos urbanos (vilas e povoados) que concentram a maior parte da população brasileira.

A partir do reconhecimento da existência de desigualdades econômicas e sociais e da diversidade cultural entre as diversas classes sociais urbanas da sociedade brasileira, deve-se constituir ações e políticas integradoras que ofereçam tratamentos específicos ou especiais em razão de condições física, sexual, racial, econômica, social e cultural das pessoas, grupos sociais e comunidades.

Além disso, a questão da idade, considerando os direitos das crianças, adolescentes e idosos, bem como a questão racial e cultural precisam ser consideradas na promoção das políticas públicas.

No que diz respeito ao aspecto racial e cultural, é preciso ainda que essas políticas públicas de direitos humanos combatam a exclusão social e territorial, uma vez que os locais ocupados por populações negras, mestiças, caboclas e nordestinas são os que apresentam maior precariedade de serviços e infraestrutura, impossibilitando oferecer condições dignas de vida para essas populações.

Diante de uma sociedade que apresenta uma diversidade de atores sociais com pensamentos divergentes, é essencial que sejam simultaneamente respeitados os direitos à igualdade e à diferença. Nesse sentido, é fundamental a ampliação e a consolidação de esferas públicas democráticas que permitam principalmente a participação dos grupos sociais e comunidades carentes na formulação e implementação das políticas públicas.

Como componente estratégico dessa política, há o desenvolvimento do processo de capacitação das comunidades locais no que diz respeito à cidadania, aos direitos humanos e às políticas públicas.

Deve-se desenvolver programas de formação de agentes e monitores em direitos humanos que envolvam os servidores do

Poder Público Municipal, os professores, os profissionais de nível superior, as categorias de trabalhadores da região, as lideranças comunitárias, os agentes pastorais e sociais, visando à sua capacitação como multiplicadores de novos agentes e monitores na comunidade. Programas desse tipo podem ser realizados mediante parceria com as universidades e faculdades locais.

O Município pode introduzir noções de direitos humanos no currículo escolar do ensino fundamental mediante a abordagem de temas transversais como cidadania, cultura, meio ambiente, política, família. Pode promover cursos de capacitação para os professores e/ou desenvolver programas interdisciplinares na área de direitos humanos, em parceria com ONGs (Organizações Não Governamentais). Além disso, a escola deve ser considerada espaço livre e democrático da comunidade local, possibilitando o desenvolvimento de atividades: educacionais, culturais, esportivas, e comunitárias.

Ainda, a Constituição Brasileira assegura a todo cidadão o direito à Justiça gratuita, e o Município, em razão da obrigação constitucional de promover a defesa dos direitos da pessoa humana, tem competência para criar o serviço de assistência jurídica.

Diante disso, a comunidade local tem como papel apresentar alternativas voltadas à promoção dos direitos da pessoa humana, especialmente no que diz respeito aos direitos econômicos, sociais e culturais. É importante que ela seja atuante no desenvolvimento de projetos sociais para os grupos de vulnerabilidade social. Ademais, deve participar da formulação e implementação das políticas públicas desenvolvidas no Município, de modo a avaliar o impacto sobre os direitos das pessoas da comunidade.

Agora que já se conhece um pouco de políticas públicas, é importante que se volte a atenção para o público-alvo: a criança e o adolescente.

Como se observou, é dever de todos zelar pela dignidade da criança e do adolescente, pondo-os a salvo de qualquer tratamento desumano, violento, aterrorizante, vexatório ou constrangedor; como também é dever de todos prevenir ocorrência de ameaça ou violação dos direitos da criança e do adolescente. Vejamos alguns pontos importantes:

CRIANÇA E ADOLESCENTE: O ECA – Estatuto da Criança e do Adolescente (Lei n. 8.069/1990) considera criança toda pessoa até de 12 anos incompletos e adolescente toda pessoa de 12 a 18 anos.

MAUS-TRATOS: lembre-se de que não se admite a omissão; no caso de suspeita ou confirmação de maus-tratos contra criança ou adolescente, comunique o Conselho Tutelar da respectiva localidade, de comum acordo com a coordenação da catequese e com o pároco.

DIVERSÕES E ESPETÁCULOS: toda criança ou adolescente terá acesso às diversões e espetáculos públicos, classificados como adequados à sua respectiva faixa etária. Lembre-se de que as crianças menores de dez anos somente poderão ingressar e permanecer nos locais de apresentação ou exibição se estiverem devidamente acompanhadas dos pais ou responsável.

PRODUTOS E SERVIÇOS: é proibida a venda, à criança ou ao adolescente, de armas, munições e explosivos; bebidas alcoólicas; produtos cujos componentes possam causar dependência física ou psíquica, ainda que por utilização indevida; revistas e publicações contendo material impróprio ou inadequado a crianças e adolescentes; bilhetes lotéricos e equivalentes. Também é proibida a hospedagem de criança ou adolescente em hotel, motel, pensão ou estabelecimento congênere, salvo se autorizado ou acompanhado pelos pais ou responsável.

AUTORIZAÇÃO PARA VIAJAR: a criança somente poderá viajar se estiver devidamente acompanhada dos pais ou responsável, ou se estiver com autorização expressa concedida pelo Juiz da Vara da Infância e Juventude. Se a viagem ou passeio for para uma comarca contígua à de sua residência, ou se estiver acompanhada por ascendente ou colateral até o terceiro grau (avós, tios, primos) ou ainda em companhia de pessoa maior de idade com autorização expressa dos pais ou responsável, é dispensável a autorização judicial. Se a viagem for para o exterior, a criança ou adolescente ficará dispensado de autorização se estiver na companhia dos pais ou responsável legal (na falta de um dos pais, este deverá dar autorização ao outro que acompanha).

O catequista, como educador da fé, precisa conhecer o ECA. É importante saber como agir, quem procurar. Existem quatro instâncias distintas que se articulam na defesa dos direitos da criança e do adolescente. Vejamos quais são elas e suas atribuições:

CONSELHO TUTELAR (art. 136 do ECA): é o órgão criado através de lei municipal, escolhido e encarregado pela sociedade de zelar pelo cumprimento dos direitos da criança e do adolescente. Cada Município deve ter no mínimo um Conselho Tutelar. Ele existe para atender a comunidade e, especialmente, as crianças e adolescentes, quando necessitam de medidas de proteção, em virtude de terem seus direitos ameaçados ou violados; e, também, quando ocorrer ato infracional praticado por criança (art. 129, I a VII – ECA). Atende e aconselha os pais ou responsável, aplicando-lhes medidas previstas no art. 129, I a VII. Promove a execução de suas decisões, podendo para isso: requisitar serviços públicos nas áreas de saúde, educação, serviço social, previdência, trabalho e segurança; representar junto à autoridade judiciária nos casos de descumprimento injustificado de suas deliberações. Leva ao Ministério Público a notícia de fato que constitua infração administrativa ou penal contra os direitos da criança ou adolescente; encaminha à autoridade judiciária os casos de sua competência; providencia a medida estabelecida pela autoridade judiciária, dentre as previstas no art. 101, I a VI, para o adolescente autor de ato infracional; expede notificações; requisita certidões de nascimento e de óbito de criança ou adolescente quando necessário; assessora o Poder Executivo local na elaboração da proposta orçamentária para planos e programas de atendimento dos direitos da criança e do adolescente; representa em nome da pessoa e da família, contra a violação dos direitos previstos na Constituição Federal; representa o Ministério Público, para efeito das ações de perda ou suspensão do pátrio poder.

MINISTÉRIO PÚBLICO: instituição que congrega Promotores de Justiça e Procuradores de Justiça que atuam como fiscais da Lei, defensores da sociedade. As atribuições do Promotor estão previstas no art. 201 do ECA, mas a principal é que ele deve zelar para que sejam assegurados às crianças e aos adolescentes seus direitos.

DEFENSOR PÚBLICO: presta assistência jurídica àqueles que dela necessitam.

JUIZ DA INFÂNCIA E DA JUVENTUDE: com atribuições também previstas nos arts. 148 e 149 do ECA, é quem decide sobre as situações que chegam através de representação promovida pelo Ministério Público (Promotor).

Esclarecimentos importantes: pátrio poder é o direito que o pai e a mãe têm em relação aos seus filhos, e deve ser exercido por ambos em igualdade de condições. A falta ou a carência de recursos materiais não constituem motivos para perda ou suspensão de tal poder.

Situações vexatórias na catequese: é importante conhecer o perfil e o núcleo familiar dos catequizandos para que situações comprometedoras sejam evitadas nos encontros, dinâmicas, recreações, dramatizações etc.

É melhor privar o grupo de uma atividade do que expor a criança ou o adolescente ou lhe causar traumas. Portanto, é importante preparar os encontros antecipadamente e usar um vocabulário adequado para o grupo. Se no grupo há crianças ou adolescentes de raças distintas, evite histórias, atividades e músicas com temas afins.

Catequista: lembre-se sempre que promover os direitos da criança e do adolescente é dever de todos; portanto, não hesite em pedir ajuda a um dos organismos citados.

Bibliografia

DOCUMENTOS LEGAIS

Estatuto da Criança e do Adolescente, Lei n. 8.069, de 13 de julho de 1990.

Convenção sobre os Direitos da Criança (Decretos 5006 e 5007, de 8 de março de 2004).

Constituição Federal, promulgada em 5 de outubro de 1988, ed. Fisco e Contribuinte.

RITUAIS

Missal Romano
Elenco das Leituras da Missa
Ritual de Iniciação Cristã de Adultos
Ritual da Penitência

DOCUMENTOS DA IGREJA

BENTO XVI. Exortação Apostólica pós-sinodal *Sacramentum Caritatis*. São Paulo: Paulinas, 2007.

Catecismo da Igreja Católica.

Compêndio do Catecismo da Igreja Católica.

CONCÍLIO VATICANO II. Constituição dogmática *Lumen Gentium* sobre a Igreja.

CONCÍLIO VATICANO II. Constituição *Sacrosanctum Concilium* sobre a sagrada liturgia.

CNBB. *Diretório Nacional de Catequese*. São Paulo: Paulinas, 2006. (Documentos da CNBB 84).

———. *Exigências evangélicas e éticas de superação da miséria e da fome*. São Paulo: Paulinas, 2002 (Documentos da CNBB 69).

CONGREGAÇÃO DOS RITOS. *Instrução sobre o culto do mistério eucarístico*. São Paulo: Paulinas, 2003.

CONGREGAÇÃO PARA O CULTO DIVINO. *Diretório para missas com crianças*. São Paulo: Paulinas, 1977 (Documentos da CNBB 11).

JOÃO PAULO II. Exortação Apostólica *Catechesi Tradendae*. São Paulo: Paulinas, 1979.

PAULO VI. *Mysterium fidei*; carta encíclica sobre o culto da sagrada eucaristia. São Paulo: Paulinas, 1965.

ESTUDOS E LIVROS

ALDAZÁBAL, José. *A eucaristia*. São Paulo: Vozes, 2002.

———. *Gestos e símbolos*. São Paulo: Loyola, 2005.

BROSHUIS, Inês. *A Bíblia na catequese*. São Paulo: Paulinas, 2001.

BRUSTOLIN, Leomar A.; LELO, Antonio F. *Iniciação à vida cristã*; Batismo, Confirmação e Eucaristia de adultos. São Paulo: Paulinas, 2011.

CARPANEDO, Penha; GUIMARÃES, Marcelo. *Dia do Senhor*; guia para as celebrações das comunidades. Ciclo do Natal ABC. São Paulo: Apostolado litúrgico/Paulinas, 2002.

CNBB – Equipe de Animação Bíblico-Catequética do Regional Centro--Oeste. *Viver em Cristo*; caminho da fé com adultos. São Paulo: Paulinas, 2006.

DERETTI, E. Adolfo. *Encontros de coroinhas*; subsídios litúrgicos e vocacionais. São Paulo: Paulinas, 2006.

DESSECHER, Klaus. *De mãos dadas*. São Paulo: Scipione, s.d.

GIRAUDO, Cesare. *Redescobrindo a eucaristia*. São Paulo: Loyola, 2003.

HUBAUT, Michael. Vem habitar a respiração do nosso amor. In: VERNETTE, Jean. *Parábolas para os nossos dias*. São Paulo: Loyola, 1993.

MASI, Nic. *Cativados por Cristo*; catequese com adultos. São Paulo: Paulinas, 2010.

MELLO, Anthony de. *O enigma do iluminado*. São Paulo: Loyola, 1994.

MURAD, Afonso. *Maria, toda de Deus e tão humana*. São Paulo: Paulinas/ Siquem, 2004. (Livros básicos de teologia, n. 8.2.)

NUCAP; PASTRO, Claudio. *Iniciação à liturgia*. São Paulo: Paulinas, 2012.

SCOUARNEC, Michel. *Símbolos cristãos*; os sacramentos como gestos humanos. São Paulo: Paulinas, 2001.

III SEMANA LATINO-AMERICANA DE CATEQUESE. Discípulos e missionários de Jesus Cristo. *Revista de Catequese*, ano 29, n. 114, abr./ jun. 2006.

Rua Dona Inácia Uchoa, 62
04110-020 – São Paulo – SP (Brasil)
Tel.: (11) 2125-3500
paulinas.com.br – editora@paulinas.com.br
Telemarketing e SAC: 0800-7010081